哲学家寄语青少年

哲学的修养

孙正聿 著

吉 林 人 民 出 版 社

图书在版编目(CIP)数据

哲学的修养 / 孙正聿著 . -- 长春 : 吉林人民出版社, 2012.4

(哲学家寄语青少年)

ISBN 978-7-206-08533-8

Ⅰ.①哲… Ⅱ.①孙… Ⅲ.①哲学 – 青年读物②哲学 – 少年读物 Ⅳ.①B-49

中国版本图书馆CIP数据核字(2012)第048274号

哲学的修养

ZHEXUE DE XIUYANG

编　　著 : 孙正聿

责任编辑 : 张　娜　　　　　　　　封面设计 : 七　洱

吉林人民出版社出版 发行(长春市人民大街7548号　邮政编码:130022)

印　　刷 : 鸿鹄(唐山)印务有限公司

开　　本 : 670mm×950mm　　　　1/16

印　　张 : 10　　　　　　　字　　数 : 70千字

标准书号 : ISBN 978-7-206-08533-8

版　　次 : 2012年7月第1版　　　印　　次 : 2023年6月第3次印刷

定　　价 : 35.00元

如发现印装质量问题,影响阅读,请与出版社联系调换。

目　　录

进入哲学思考

一、"爱智"的哲学

一篇令人沉思的论文，一部使人玩味的小说，一番发人深省的话语，常常被人们赞之以富于"哲理"；一位目光远大的政治家，一位思想敏锐的科学家，一位独具匠心的艺术家，又常常被人们赞之以具有"哲学"头脑；甚至并无恶意地嘲笑某人故作深沉，亦往往戏言其作"哲人"沉思状。这似乎是说，"哲理"是智慧的结晶，"哲学"是智慧的总汇，"哲人"则是智慧的人格化。人们常常把哲学称作"智慧学"或"聪明学"，大概就是源于此吧！

的确，哲学贵高明。凡事望得远一程，看得深一层，想得透一成，阐幽发微而示之以人所未见，率先垂范而示之以人所未行，这既是人类智慧精华之所在，也是哲学之理或哲人之智的表现。然而，哲学就是智慧吗？或者说，哲学究竟是一种怎样的智慧？

智慧与爱智　人们常说，人为万物之灵。这里所说的"灵"，指的就是智慧，即人是有智慧的存在。正因为人类具有抽象概括、判断辨析、分析综合、归纳演绎、联想想象、直觉顿悟乃至灵感爆发和发明创造的智慧，才能够形成和交流思想，体验和沟通感情，磨炼和实现意志，认识和改造世界，才能够创建出人类智慧的奇迹——灿烂辉煌的人类文明。

有这样一句大家熟知的广告词："人类失去联想，世界将会怎样？"确实，如果没有人类智慧，怎么会有人的世界？就此而言，人类所创造的神话、常识、艺术、伦理、科学和哲学，以及由此构成的人的神话的世界、常识的世界、艺术的世界、伦理的世界、科学的世界和哲学的世界，无不是人类智慧的结晶；由物质文明和精神文明及其相互融合所构成的人类文明史，也可以说是人类智慧的发展史。

由此可见，哲学是智慧，但智慧并不就是哲学。仅仅把哲学视为智慧的代名词，显而易见是不恰当的。但是，对于理解哲学来说，根本的问题是在于，哲学并不仅仅是一种智慧，而且是对待全部智慧的一种态度。这种态度，就是对智慧本身的真挚、强烈、忘我之爱，即"爱智之忱"。简言之，哲学智慧就是"爱智"。

"爱智"当然也是智慧的表现，但却不是通常意义的智慧。"爱智"，是对智慧的追求和追问，是把智慧作为反思的对象。就此而言，"爱智"的哲学是使"智慧"成为哲学探究的"问题"：人的智慧是从哪里来的？人都有哪些智慧？人的智慧有多大？人的智慧为何能够认识世界和改造世界？人类的知、情、意在智慧中如何统一？人类智慧能否达到对世界的终极性解释？世界是否就是人类智慧所理解的世界？人类智慧是"宇宙的立法者"吗？人类智慧是"万物的尺度"吗？智慧到底是怎样的存在？有智慧的人类究竟是怎样的存在？有智慧的人类为什么会犯错误？有智慧的人类的历史为什么会充满冲突？有智慧的人类为什么难于认识自己和改造自己？人类的智慧将给人类带来怎样的未来？有智慧的人类同世界到底是何关系？由于爱智的哲学对智慧的追问和反思，便形成了"人与世界""思维与存在""主观与客观"

"主体与客体""感性与理性""直觉与逻辑""理性与非理性""共性与个性""语言与实在""自由与必然""现实与理想""合规律性与合目的性"等数不胜数的哲学问题。

爱智的"大智慧" 热爱智慧的哲学，既不是智慧的别名，也不是智慧的总汇，而是把智慧作为探究的对象。由热爱智慧和探究智慧而构成的哲学智慧，就不是回答和解决各种具体问题的"小智慧"和"小聪明"，而是关于人类生存发展和安身立命的"大智慧"和"大聪明"。

这种"大智慧"和"大聪明"，按照中国传统哲学的看法，就是"究天人之际，通古今之变""判天地之美，析万物之理""为天地立心，为生民立命"；按照西方传统哲学的看法，就是"寻求最高原因的基本原理""提供一切知识的基础""发现生命的意义"和"使人崇高起来"；按照现代西方哲学的看法，就是解决"精神的焦虑""信仰的缺失""形上的迷失""人生的危机""意义的失落"和"人与自我的疏离"等问题；按照马克思主义哲学的看法，最根本的就是解决"现实的人及其历史发展"的问题。所有这些问题，用通常的说法，就是哲学所研究的"世界观""历史观""人生观"和"价值观"等问题。

哲学的这种"大智慧"和"大聪明"，借用我国当代哲学家冯友兰（1895—1990）的话说，"是使人作为人能够成为人，而不是成为某种人"。① 要成为"某种人"，即具有特定身份和从事特定职业的人，就要学习某种专业知识，掌握某种专业技能，扮演某种特殊角色。要把这"某种人"当好，就需要某种作为经验、常识、技能和知识的"智慧"或"聪明"。但这并不是哲学情有独钟、所爱所思的"大智慧"和"大聪明"。哲学智慧是超越了"某种人"的关于"人"的智慧、关于"人"与"世界"的关系的智慧。这种智慧是理解和协调人与自然、人与社会、人与历史、人与文化、人与他人以及人与自我的智慧，是"使人作为人能够成为人""使人崇高起来"和实现"人的全面的自由的发展"的智慧。

哲学的这种"大智慧"和"大聪明"，不是既定的知识，不是现成的结论，不是实例的解说，不是枯燥的条

---

① 冯友兰：《中国哲学简史》，北京大学出版社 1985 年版，第 16 页。

文，而是追究生活信念的前提，探寻经验常识的根据，反思历史进步的尺度，讯问评价真善美的标准。哲学智慧反对人们对流行的生活态度、思维方式、价值观念、审美情趣等等采取现成接受的态度，反对人们躺在无人质疑、因循守旧的温床上睡大觉。马克思（Karl Marx，1818—1883）指出，辩证法在它的"合理形式"上，就是"在对现存事物的肯定的理解中同时包含对现存事物的否定的理解，即对现存事物的必然灭亡的理解；辩证法对每一种既成的形式都是从不断的运动中，因而也是从它的暂时性方面去理解；辩证法不崇拜任何东西，按其本质来说，它是批判的和革命的"。①

哲学智慧是反思的智慧、批判的智慧、变革的智慧。它启迪、激发和引导人们在社会生活的一切领域永远敞开自我反思和自我批判的空间，促进社会的观念更新、科学发现、技术发明、工艺改进和艺术创新，从而实现人类的自我超越和自我发展。

爱智的激情 热爱和反思智慧的哲学，来源于一种"抑制不住的渴望"。这是一种探索宇宙的奥秘和洞察人

---

① 《马克思恩格斯选集》第 2 卷，人民出版社 1995 年版，第 112 页。

生的意义的渴望，促进历史的发展和提升人类的境界的渴望；这是一种超越现实和向前提挑战的渴望，悬设新的理想和创建新的生活世界的渴望；这是一种为人类提供"安身立命之本"或"最高支撑点"的渴望。正是这种高举远慕的"抑制不住的渴望"，燃烧起古往今来的伟大哲人的"爱智"的激情。"路漫漫其修远兮，吾将上下而求索。"这是一切真正伟大哲人的真实写照。

哲学的"爱智"的激情，首先是一种驰骋人类智慧、探索宇宙奥秘的渴望。人类面对千差万别、千变万化、无边无际、无始无终的茫茫宇宙，又面对着有生有死、有爱有恨、有聚有散、有得有失的有限人生，怎么能不引发出对宇宙、人生的无限的追问和苦苦的求索呢？"明月几时有，把酒问青天。不知天上宫阙，今夕是何年。"为探索宇宙的奥秘而"寻取最高原因的基本原理"，并进而为阐释人生的意义而寻求"最高的支撑点"，由此便形成了追本溯源、寻根究底的"爱智"的哲学。

哲学的"爱智"的激情，又是一种求索历史的谜底和推进社会的发展的渴望。人类的历史进程，充满着错综复杂的矛盾，理想的冲突与搏斗，社会的动荡与变革，历史的迂回与前进，绘制出人类自己创造自己，自己发展自己的扑朔迷离、色彩斑斓的画卷。政治理想问题、社会制度问题、伦理道德问题、价值观念问题，更为切近地激发着哲学的"爱智"的激情和求索历史奥秘的"抑制不住的渴望"。在当代，日益严峻的"全球问题"则构成哲学反思的当务之急。"治理环境污染""保护生态平衡""与大自然交朋友"之声不绝于耳。然而，生态危机的根源，却在于人的利益与心态。倘若以局部利益牺牲整体利益，以眼前利益牺牲长远利益，以一己私利牺牲人类利益，则生态问题只能日趋严重。早在 20 世纪 50 年代，我国当代哲学家梁漱溟（1893—1988）就曾感慨万千地指出："科学发达至于今日，既穷极原子、电子种种之幽渺，复能以腾游天际，且即攀登星月，其有所认识于物，从而利用乎物者，不可谓无术矣。顾大地之上人祸方亟，竟自无术以弥之。是盖：以言主宰乎物，似若能之；以言人之自主于行止进退之间，殆未能也。"[①]毋庸讳言，梁先生是把"物质文明""科学技术"的"负效应"看得过头了。然而，在人类已经"跨世纪"

---

① 梁漱溟：《人心与人生》，学林出版社 1984 年版，第 1 页。

的今天，环顾当下的世界，思考人类的未来，积极地协调个人之间、群体之间、阶层之间、民族之间、国家之间的"利益"与"心态"，不正是人类实现和平与发展的当务之急和长远之计吗？社会历史的发展总是表现为某种片面性。这就需要对社会的总体行为和历史的总体进程进行全面的反应、深层的反省、规范性的矫正和理想性的引导。哲学就是社会不断反观自身的观念与行为的"自我意识"。哲学的"爱智"的激情，就是对人类困境的焦虑和推进社会发展的渴望。

哲学的"爱智"的激情，也是一种求索人生意义和追求理想生活的渴望。李大钊（1889—1927）说："哲学者，笼统地说，就是论理想的东西。"①他还具体解释说："人们每被许多琐屑细小的事压住了，不能达观，这于人生给了许多苦痛。哲学可以帮助我们得到一个注意于远大的观念，从琐屑的事件解放出来，这于人生修养上有益。"② 社会人生纷繁复杂，利害、是非、祸福、毁誉、荣辱、进退，扑朔迷离、纷至沓来。人们总是感到"得

---

① 《李大钊文集》，人民出版社 1984 年版，第 345 页。
② 同上，第 635 页。

不到想要的，又推不掉不想要的"，总是感到一种"天上的太阳和水中的月亮谁亮""山上的大树和山下的小树谁大"的迷惘。因此，人们总是需要一种高举远慕的心态，慎思明辨的理性，体会真切的情感，执着专注的意志和洒脱通达的境界，方能"潇洒走一回"。哲学的"爱智"的激情，就是求索人生的意义和阐发人生价值的渴望，就是追求理想生活和阐发生活理想的渴望。

哲学熔铸着哲学家对人类生活的挚爱，对人类命运的关切，对人类境遇的焦虑，对人类未来的期待。哲学不是超然于人类社会生活之外的玄思和遐想，哲学不是僵死的教条和冷冰冰的逻辑。哲学既是爱智的激情，又是"爱智之忧"的结晶。

二、对"自明性"的分析

人们常常用"抽象""高深"甚至是"玄虚""神秘"来形容"爱智"的哲学。这其实是一种误解。哲学所爱所求的智慧，是每个健全的普通人都具有的能力；哲学所问所思的问题，是每个健全的普通人都经常面对的问题。"爱智"的哲学只不过是把人们习以为常、不予追究的问题作为"问题"去追究，把人们视为不言而喻、不证自明的问题作为"问题"进行反思。就此而言，"对自明性的分析"，这既是哲学研究的出发点，也是哲学智慧的座右铭。

熟知与真知 对"自明性"的分析，根源于"熟知而非真知"，因而也就是从"熟知"中去寻求"真知"。

例如，人们经常以一种毋庸置疑的态度说"规律是看不见的，又是可以被认识的"。对此，爱智的哲学就要追问："看不见"的规律何以能够"被认识"？我们认识到的"规律"是客观世界自身所具有的还是我们的思维逻辑的产物？这种规律性的认识如何被检验是否正确？这种规律性的认识是否是发展的，以及是怎样发展的？这种追问所提出的就是哲学始终关注的"思维和存在的关系问题"。

再如，人们常常以一种不容争辩的口吻说"艺术是一种创造"。然而，爱智的哲学却要追问：何为"创造"？艺术"创造"了什么？"画家创造不出油彩和画布，音乐家创造不出震颤的乐音结构，诗人创造不出词语，舞蹈家创造不出身体和身体的动态"，① 为什么把艺术称之为"创造"呢？我们用什么来评价艺术"创造"的水平呢？我们又是怎样接受艺术的创造呢？同样，当人们说"科学发现"或"技术发明"的时候，爱智的哲学又要追问：何谓"发现"和"发明"？科学所"发现"的"规律"不是"客观存在"的吗？"客观存在"的"规律"为什么不是人人都能"发现"？科学是怎样"发现"规律的？由此便提出现代哲学越来越关注和追问的"语言""符号""文化"与"意义"的问题。

又如，人们常常以"真善美"和"假恶丑"来评论人的思想与行为。对此，爱智的哲学就要追问：何谓"真善美"？何谓"假恶丑"？区分"真善美"与"假恶丑"的标准是什么？这种区分的标准是绝对的还是相对的，是永恒的还是历史的，是客观的还是主观的？"真"与"善"是何关系？"真"与"美"又是何关系？人们普遍承诺的真善美的原则是什么？人们追求真善美的根据是什么？哲学的追问把人们据以形成其结论的"前提"暴露出来，使这些"前提"成为批判性反思的对象，从

① 苏珊·朗格：《艺术问题》，中国社会科学出版社 1983 年版，第 1 页。

而使人们意识到"未经审视的生活是无价值的生活"。

再举一个最平常的例子。人们常说"狼是凶残的",因为狼吃羊。然而,当我们"涮羊肉片""剁羊肉馅""吃羊肉串"的时候,为何不说"人是凶残的"?我们是以什么标准来断言狼的凶残与人的合理?在呼唤"生态平衡""保护动物""与大自然交朋友"的今天,究竟应当怎样理解"生态伦理"问题?人类能够超越"人类中心主义"吗?非人类中心主义的"主义"是什么样的"主义"?人类对自然的改造与利用和人类对自身的反省与控制到底是何关系?究竟如何看待和对待人类实践活动的"正效应"与"负效应"?这就是当代哲学所特别关注和追问的"全球问题"。

由此我们可以看到,"熟知"并非就是"真知",正是在"熟知"中隐含着"无知"。哲学的爱智,就是追问和反思种种人们"熟知"的问题,并在这种追问和反思中去寻求"真知"。正因如此,哲学是一种反思的智慧、批判的智慧、变革的智慧——变革人们的思维方式、价值观念和审美意识,从而变革人的存在方式,以及人与世界的相互关系。

名称与概念 "熟知"是对世界的"名称"式的把握，"真知"则是对世界的"概念"式的把握。把"熟知"误为"真知"，从根本上说，是把"名称"误作"概念"。哲学对"自明性"的分析，最重要的，就是对"熟知"的"概念"反思。

例如，我们面前有一张桌子，任何一个正常的普通人都会说"这是一张桌子"。而爱智的哲学却要从"思维和存在的关系"提出问题：究竟什么叫"桌子"？如果我没有"桌子"的概念，我怎么会把"这个东西"称作"桌子"？离开我对"这个东西"的"感知"，我能否知道"桌子"的存在？我怎样判断这个"桌子"的真与假、善与恶、美与丑？我为什么会爱护这张"桌子"而不是毁坏它？我们为什么会把不是"这个东西"的"桌子"也称作"桌子"？我们为什么能够"创造"出比我们已有的"桌子"更"高级"的"桌子"？如此等等。

有人说，科学的特点是把复杂的东西变简单，而哲学则是把简单的东西变复杂。的确，我们在这里所提出的种种关于"桌子"的问题，在非哲学的思考中会被认为是荒唐、无聊和可笑的；然而，在对"桌子"的这种追问中，却的确是蕴含着无限丰富的哲学问题。让我们简略地分析这些问题：

其一，主体和客体的关系问题。"我们"在认识"桌子"，而"桌子"在被"我们"认识，因此，我们是认识的"主体"，而桌子是认识的"客体"。那么，为什么"我们"与"桌子"之间会构成认识的"主体"与"客体"的关系？究竟什么是认识的"主体"、什么是认识的"客体"？哲学是如何看待和回答"主体"与"客体"的关系问题？

其二，感性和理性的关系问题。我们用眼睛所看到的"桌子"，只能是桌子的"现象"；我们用思想把握到的"桌子"，却是桌子的"本质"。我们用"感性""看到"的永远是客体的"现象"而不是客体的"本质"，我们用"理性""把握到"的又永远是客体的"本质"而不是客体的"现象"；我们的"感性"和"理性"永远处于矛盾之中，被认识的客体的"现象"和"本质"也永远处于矛盾之中。那么，人的"感性"与"理性"究竟是何关系？事物的"现象"和"本质"到底是何关系？人的"感性"和"理性"同事物的"现象"和"本质"

又是什么关系？

其三，思维和存在的关系问题。如果我们这里没有桌子，那么谁也不能说"这里有一张桌子"；反之，如果这里有一张桌子，那么谁也不能说"这里没有桌子"。然而，即使这里真的有一张桌子，而一个根本不知"桌子"为何物的人，又能否把面前的这个"东西"看作是"桌子"？即使别人告诉他"这是桌子"，他又能否懂得"桌子"为何物？由此我们就会追问："桌子"的存在与关于"桌子"的观念究竟是何关系？人为什么能够把千差万别、千变万化的"东西"既区别开来又统一起来？

其四，个别与一般的关系问题。"桌子"的形状有大有小、有高有矮、有方有圆；"桌子"的材料有木头的、有塑料的、有玻璃的、有金属的；"桌子"的颜色有红的、有黄的、有白的、有黑的；"桌子"的用途有书桌、有餐桌……那么，我们为什么能够把所有"这样的东西"都称之为"桌子"？是"个别"包含着"一般"，还是"一般"包含着"个别"？"一般"与"个别"的区分是绝对的还是相对的？

其五，真善美的关系问题。我们把面前的"这个东西"称作"桌子",这并不是一个简单的事实判断,而是一个融事实判断、价值判断和审美判断为一体的综合判断。因此当我们说"这是一张桌子"的时候,在我们的观念中既包括断定"这个东西"是不是"桌子"的真与假的事实判断,又包括"这个东西"是否有用,以及有何用途的价值判断,还包括"这个东西"是使我愉悦还是使我讨厌的审美判断。那么,真善美三者之间究竟是何关系?我们判断真善美与假恶丑的根据和标准又是什么?

其六,现实与理想的关系问题。我们把面前的"这个东西"称作"桌子",并不意味着我们认定只有"这样"的东西才是"桌子",恰恰相反,它会引发我们对"桌子"的样式、属性和功能的无限的联想和想象,从而去创造更"好用"、更"漂亮"、更"新颖"、更"高级"的"桌子"。这就是现实与理想的矛盾。在这种矛盾中,蕴含着更为丰富和更为深刻的哲学问题:人的目的性要求与客观规律是何关系?人的现实性存在与理想性期待是何关系?人对现实的反映与人对世界的改造是何关系?人所创造的世界与自在的世界是何关系?

　　其七，人与世界的关系问题。这是由"桌子"所引发的最深层的哲学问题。人来源于自在的自然世界，人又创造了属于人的生活的世界，并且永远在创造人所理想的世界。人在改造世界的过程中，又在改造和发展人本身。那么，人究竟是一种怎样的存在？人与世界之间究竟是怎样的关系？人是如何认识和改造世界？人是怎样改造和发展自身？人是以"白板"式的头脑去反映"桌子"吗？人仅仅是以自己的肉体器官去制造"桌子"吗？究竟什么是人的"认识"和"实践"？人的经验、常识和理论在"认识"和"实践"活动中起什么作用？人的思维、情感和意志在人的"认识"和"实践"活动中起什么作用？人类的历史、文化和传统在人的"认识"和"实践"活动中又起什么作用？人的认识和实践是如何"发展"的？人类的未来是怎样的？人们应当形成怎样的世界观、历史观和人生观？

　　如此想来，我们就不会认为"桌子"问题是荒唐、无聊和可笑的，而是亲切地体会到"熟知而非真知"的道理，体会到"名称不是概念"的道理，体会到对"熟知"的"名称"进行"概念"式追问的意义与魅力。

进一步说，如果我们把对"桌子"的追问拓展为对"科学""艺术""伦理"和"宗教"的追问，拓展为对"历史""文化""语言"和"逻辑"的追问，拓展为对"真理""价值""认识"和"实践"的追问，我们就会更加深刻地体会到反思的哲学智慧的意义与魅力。而要真正地进行这种哲学的追问和反思，则需要培养和锻炼我们的理论思维能力，特别是善于从哲学层面上提出问题和分析问题的能力。

有知与无知　从哲学层面提出问题，首先需要的是"熟知而非真知"的自觉。我国当代哲学家张岱年（1909—2004）说："哲学家因爱智，故绝不以有知自炫，而常以无知自警。哲学家不必是世界上知识最丰富之人，而是深切地追求真知之人。哲学家常自疑其知，虚怀而不自满，总不以所得为必是。凡自命为智者，多为诡辩师。"① 对于"爱智"的哲学，此言可谓一语中的。

古往今来的哲人，都具有比较渊博的知识，许多哲人甚至被称作"百科全书"式的人物。然而，真正哲人的首要特征，却在于他们"绝不以有知自炫，而常以无知

---

① 张岱年：《求真集》，湖南人民出版社 1983 年版，第 102 页。

自警"。这是因为，"爱智"是批判的智慧、反思的智慧，是追本溯源、究根问底的智慧。在"爱智"的追求与追问中，一切既定的知识和现成的结论都是批判与反思的对象，因而一切的"有知"在批判性的反思中都成了"无知"。歌德说："人们只是在知识很少的时候才有准确的知识，怀疑会随着知识一道增长。"在一定的意义上说，人们的学习和生活的过程，就是从"有知"发现"无知"，从"熟知"求索"真知"的过程。

在哲学史上，"具有世界史意义"的古希腊哲学家苏格拉底（Sok- rates，前469—前399）所开创的"对话"的"辩证法"，就是以其自称为"催生术"的盘诘方法，以"对话"的形式去诱导人们据以形成其结论的根据和前提，引导人们自觉地意识到并且承认自己的根据和前提中的"矛盾"，也就是承认"有知"所蕴含的"无知"。例如，在关于"美德"的"对话"中，有人提出男人的美德、女人的美德，以及老人、孩子和青年的美德，而苏格拉底则要求回答"包括一切的普遍的美德"。当回答说这就是"能够取得人所要求的那些善"，苏格拉底则进一步要求对"善"的解释。于是"有知"变成了

"无知"，关于美德的"盘诘"发展成对整个生活信念的前提反思。黑格尔（Georg Wilhelm Friedrich Hegel，1770—1831）说，苏格拉底"这样做，是为了唤醒人们的思想，在人们的信心动摇之后，他就引导人们去怀疑他们的前提，而他们也就被推动而自己去寻求肯定的答案"①。

"常自疑其知"，这是哲学家视"有知"为"无知"、对"有知"进行批判性反思的重要前提。"爱智"的哲学，内含着以否定性的思维去对待人类的现实，提示现实所蕴含的多种可能性；内含着以否定性的思维去反思各种知识和理论的前提，揭示知识和理论的前提所蕴含的更深层次的前提；特别是内含着以否定性的思维去对待哲学家个人所占有的理论，从而实现理论的变革与创新。

哲学是批判与反思的智慧，而绝不是可以到处套用的刻板公式和现成结论。"凡自命为智者，多为诡辩师。"恩格斯（Friedrich Engels，1820—1895）曾经嘲讽过的所谓"官方黑格尔学派"，就是这种"诡辩师"的生动写照。恩格斯说："自从黑格尔逝世之后，把一门科学在其

---

① 黑格尔：《哲学史讲演录》第 2 卷，商务印书馆 1983 年版，第 53 页。

固有的内部联系中来说明的尝试，几乎未曾有过。官方的黑格尔学派从老师的辩证法中只学会搬弄最简单的技巧，拿来到处应用，而且常常笨拙得可笑。在他们看来，黑格尔的全部遗产不过是可以用来套在任何论题上的刻板公式，不过是可以用来在缺乏思想和实证知识的时候及时搪塞一下的词汇语录……这些黑格尔主义者懂一点'无'，却能写'一切'。"① 如此这般地应用"哲学智慧"，怎么能不是"讲套话""说空话"呢？怎么能不是"诡辩师"呢？又怎么能掌握和创建哲学的"大智慧"和"大聪明"呢？"无知"的"自警"，是进入哲学思考的标志与前提。

掌握哲学智慧，当然需要学习古今中外的哲学思想、哲学理论；但是，仅仅学习这些思想和理论，并不就能掌握哲学智慧。用形式逻辑关于假言判断的说法，学习哲学理论只是掌握哲学智慧的"必要条件"，而不是掌握哲学智慧的"充分条件"。

我国大学者王国维（1877—1927）在《人间词话》中，有一段关于读书"三境界"的脍炙人口的议论。他

---

① 《马克思恩格斯选集》第 2 卷，人民出版社 1995 年版，第 119 页。

提出，"昨夜西风凋碧树，独上高楼，望尽天涯路"，此为第一境界；"衣带渐宽终不悔，为伊消得人憔悴"，此为第二境界；"众里寻他千百度，蓦然回首，那人却在灯火阑珊处"，此为第三境界。

这里的第一境界，是指登高望远，博览群书，获得丰富的知识，具有坚实的功底。这里的第二境界，是指刻苦钻研，阐幽发微，超越对知识的"名称"式的把握，达到对知识的"概念"式的理解。这里的第三境界，则是指茅塞顿开，豁然开朗，超越对"熟知"的因袭，达到对"真知"的洞见。

研究任何一种学问，都需要依次地进入读书的三种境界。具体地说，真正地进入哲学思考，就需要激发理论兴趣，拓宽理论视野，撞击理论思维，进入理论境界。

三、品味黑格尔的比喻

关于哲学，德国古典哲学的集大成者、辩证法大师黑格尔曾经做过许多生动形象而又耐人寻味的比喻。我们在这里主要来欣赏他关于"庙里的神""厮杀的战场""花蕾、花朵和果实""密涅瓦的猫头鹰""消化与生理学""同一句格言"和"动物听音乐"七个比喻。仔细地品味这些比喻，认真地思考这些比喻，不仅会使我们了解哲学的意蕴，而且更重要的是会使我们自己体会到什么是哲学思考，获得哲学的"爱智之忱"和哲学的辩证智慧。

其一，"庙里的神"。

谁都知道，"庙"之所以为庙，是因为庙里有被人供奉的"神"；如果庙里无"神"，那也就不成其为"庙"。正是借用"庙"与"神"的关系，黑格尔说，"一个有文化的民族"，如果没有哲学，"就像一座庙，其他方面都装饰得富丽堂皇，却没有至圣的神那样"。①

按照黑格尔的比喻，"庙里的神"是使"庙"成其为庙的"灵光"，哲学则是使人类的"文化殿堂"和"精神家园"成其为文化殿堂和精神家园的"灵光"。这就是说，哲学，它就像普照大地的阳光一样，照亮了人类的生活；如果失去了哲学，人类的生活就会变得黯然失色。正因如此，黑格尔说，"凡生活中真实的伟大的神圣的事物，其所以真实、伟大、神圣，均由于理念"；又说，

---

① 黑格尔：《逻辑学》上卷，商务印书馆 1966 年版，第 2 页。

"人应尊敬他自己，并应自视能配得上最高尚的东西。"①

由此可见，黑格尔是把"哲学"视为对"崇高"的追求，并把哲学的"理念"视为"崇高"的存在。因此，在黑格尔那里，"崇高"即是"理念"，"理念"即是"崇高"；对"崇高"的追求，就是对"理念"的认同，对"理念"的认同，也就是与"崇高"的同在。

这就不难理解，为什么黑格尔把哲学视为"理念"（即"绝对精神"）的"自我运动"和"自我认识"，而把人们对哲学的学习视为是"使人崇高起来"。这也就不难理解，为什么黑格尔把哲学比喻为"庙里的神"，认为哲学是照亮人类生活的"普照光"。

在黑格尔看来，人类应当追求高尚的东西，应当过一种高尚的生活。而这种"高尚的东西"，就是规范人类生活的"理性"。这样的"理性"，并不是个人的理性，而是一种"普遍理性"；这种"普遍理性"，需要一种特殊的文化形式，这就是"哲学"。哲学是照亮人类生活的"普照光"，也就是人类的文化殿堂和精神家园所以成其

---

① 黑格尔：《小逻辑》，商务印书馆 1980 年版，第 35 页、第 36 页。

为"文化"和"精神"的"灵光"。正因如此，黑格尔把哲学比喻为"庙里的神"。

黑格尔对哲学的这种理解，最集中地表达了整个传统哲学对哲学的理解。当代美国哲学家理查·罗蒂（Richard Rorty，1931—2007）说："自希腊时代以来，西方思想家们一直在寻求一套统一的观念""这套观念可被用于证明或批评个人行为和生活，以及社会习俗和制度，还可为人们提供一个进行个人道德思想和社会政治思考的框架。'哲学'（'爱智'）就是希腊人赋予这样一套映现现实结构的观念的名称。"① 由此我们可以看到，与希腊文化终生为伴的黑格尔，把哲学比喻为"庙里的神"，实质上是最为集中、最为鲜明地表达了人们对哲学的传统理解——哲学是照亮人类生活、并从而"使人类崇高起来"的"普照光"。

其二，"厮杀的战场"。

阅读哲学史，人们不难发现一个奇特的现象：每个哲学家都自认为找到了"庙里的神"，即认为自己发现了哲学的真谛；而其他的哲学家则批判和反驳对哲学的这种

———————
① 理查·罗蒂：《哲学和自然之镜》，三联书店1987年版，第11页。

理解，并各自宣布自己所理解的哲学才是唯一真正的哲学；所以哲学家们总是互相批判，哲学的历史就是哲学家们互相讨伐的历史，也就是哲学自我批判的历史。

对此，现代德国哲学家石里克曾做过颇为精彩的描述。他说："所有的大哲学家都相信，随着他们自己的体系的建立，一个新的思想时代已经到来，至少，他们已发现了最终真理。如果没有这种信念，哲学家几乎不能成就任何事情。例如，当笛卡儿引进了使他成为通常所称'现代哲学之父'的方法时，他就怀着这样的信念；当斯宾诺莎试图把数学方法引进哲学时，也是如此；甚至康德也不例外，在他最伟大著作的序言中，他宣称：从今以后，哲学也能以迄今只有科学所具有的那种可靠性来工作了。他们全都坚信，他们有能力结束哲学的混乱，开辟某种全新的东西，它终将提高哲学思想的价值。"正是针对这种状况，石里克还颇有见地指出，"哲学事业的特征是，它总是被迫在起点上重新开始。它从不认为任何事情是理所当然的。它觉得对任何哲学问题的每个解答都不是确定或足够确定的。它觉得要解决这个问题必须从头做起。"①

正是基于哲学史上的多样的哲学和分歧的思想之间的"彼此互相反对、互相矛盾、互相推翻"的"这个不可否认的事实",黑格尔把哲学史比喻为一个"厮杀的战场"。但是他认为,如果只是看到"这个不可否认的事实","全部哲学史这样就成了一个战场,堆满着死人的骨骼。它是一个死人的王国,这王国不仅充满着肉体死亡了的个人,而且充满着已经推翻了的和精神上死亡了的系统,在这里面,每一个杀死了另一个,并且埋葬了另一个"。"这样的情形当然就发生了:一种新的哲学出现了。这哲学断言所有别的哲学都是毫无价值的。诚然,每一个哲学出现时,都自诩为:有了它,前此的一切哲学不仅是被驳倒了,而且它们的缺点也被补救了,正确的哲学最后被发现了。但根据以前的许多经验,倒足以表明新约里的另一些话同样地可以用来说这样的哲学——使徒彼德对安那尼亚说:'看吧!将要抬你出去的人的脚,已经站在门口'。且看那要驳倒你并且代替你的哲学也不会长久不来,正如它对于其他的哲学也并不会很久

不去一样。"①

在这段议论中，黑格尔首先是承认了这样的事实，即哲学史充满着哲学思想的互相批判。而且这种相互批判永远也不会完结。但是，黑格尔认为，如果只是把哲学史看成"每一个杀死了另一个，并且埋葬了另一个"的历史，哲学史就失去了"发展"的意义。在黑格尔看来，哲学的自我批判，本质上是由于哲学的时代性所决定的。他说："妄想一种哲学可以超出它那个时代，这与妄想个人可以跳出他的时代，跳出罗陀斯岛，是同样愚蠢的。如果它的理论确实超越时代，而建设一个如其所应然的世界，那么这种世界诚然是存在的，但只存在于他的私见中，私见是一种不结实的要素，在其中人们可以随意想象任何东西。"② 正因为哲学是"思想中所把握到的时代"，表达新时代的哲学必然要通过对表达旧时代的哲学的批判而获得哲学的统治地位，由此便构成了哲学史的"厮杀的战场"。

其三，"花蕾、花朵和果实"。

---

① 黑格尔：《哲学史讲演录》第 1 卷，商务印书馆 1959 年版，第 21—22 页。
② 黑格尔：《法哲学原理》，商务印书馆 1961 年版，序言第 12 页。

究竟如何看待哲学思想之间的"厮杀"？这种"厮杀"的结果是不是"埋葬"了所有的哲学？我们来看黑格尔的又一个比喻。

黑格尔说："花朵开放的时候花蕾消逝，人们会说花蕾是被花朵否定了的；同样地，当结果的时候花朵又被解释为植物的一种虚假的存在形式，而果实是作为植物的真实形式出现而代替花朵的。这些形式不但彼此不同，并且互相排斥互不相容。但是，它们的流动性却使它们同时成为有机统一体的环节，它们在有机统一体中不但不互相抵触，而且彼此都同样是必要的；而正是这种同样的必要性才构成整体的生命。"①

这是一个很美的比喻。花蕾孕育了花朵，花朵又孕育了果实；但花朵的怒放正是否定了花蕾，果实的结出也正是否定了花朵，由此看来，这个否定的过程，不正是以新的形式与内容肯定了先前的存在吗？如果这样来看哲学史，它就不再是一个"堆满着死人的骨骼"的战场，不再是一个徒然否定、一无所获的过程，而恰恰是一个"扬弃"的过程，结出果实的过程。这样理解的哲学史，

---

① 黑格尔：《精神现象学》上卷，商务印书馆1979年版，第2页。

才是哲学的发展史。

现代的哲学家们，特别是所谓"后现代主义"的哲学家，总是不断地宣称"拒斥""终结""消解""摧毁"以往的哲学，似乎哲学史真的只是一个"堆满死人的骨骼"的战场。仔细地品味一下黑格尔关于"厮杀的战场"，以及"花蕾、花朵和果实"这两个耐人寻味的比喻，我们就会从"间断"与"连续"的辩证统一中去理解哲学的历史。

不仅如此。黑格尔关于"花蕾、花朵和果实"的比喻，还会启发我们用"否定之否定"的观点去看待每个哲学体系自身的发展。在黑格尔自己的哲学体系中，每个概念都是作为"中介"而存在的，它否定了前面的概念，却又被后面的概念所否定。这就像花朵否定花蕾，花朵又被果实否定一样，使概念自身处于生生不已的流变之中，并不断地获得了愈来愈充实的内容。而这种概念自我否定的辩证运动，正是深刻地展现了人类思想运动的逻辑，哲学发展的逻辑。

应当看到，在哲学的"花蕾、花朵和果实"的自我否定的运动中，矛盾着的双方往往是"高尚心灵的更迭"

和"思想英雄的较量"。这种"更迭"与"较量"本身，就是对人类思维的撞击，对人类精神的升华。

其四，"密涅瓦的猫头鹰"。

许多人在谈论哲学的时候，都经常引用黑格尔的这个比喻。在黑格尔看来，哲学就像密涅瓦的猫头鹰一样，它不是在旭日东升的时候在蓝天里翱翔，而是在薄暮降临的时候才悄然起飞。

这里的"密涅瓦"即希腊罗马神话中的智慧女神雅典娜，栖落在她身边的猫头鹰则是思想和理性的象征。黑格尔用密涅瓦的猫头鹰在黄昏中起飞来比喻哲学，意在说明哲学是一种"反思"活动，是一种沉思的理性。

按照黑格尔的说法，"反思"是"对认识的认识""对思想的思想"，是思想以自身为对象反过来而思之。如果把"认识"和"思想"比喻为鸟儿在旭日东升或艳阳当空的蓝天中翱翔，"反思"当然就只能是在薄暮降临时悄然起飞的猫头鹰了。

当代著名哲学家维特根斯坦认为，人们的任何一种活动都可以说是一种游戏。游戏必须依据和遵循一定的规则。没有规则的游戏是无法进行的。所以，人们从事任何一种活动或学习任何一种知识，也就是掌握和运用某种游戏的规则。但是，规则又是必须不断更换的，否则就不会产生更好的"游戏"，就不会有科学发现、技术发明和艺术创新等。哲学的"反思"，就是批判地考察各种"游戏"规则的活动。因此，它必须是以"游戏"的存在和某种程度的发展为前提，它只能是在"黄昏"中"起飞"。

黑格尔把哲学比喻为在黄昏中起飞的猫头鹰，还有一层更深的含义，这就是哲学的反思必须是深沉的，自甘寂寞的，不能搞"轰动效应"。黑格尔说："时代的艰苦使人对于日常生活中平凡的琐屑兴趣予以太大的重视，现实上很高的利益和为了这些利益而作的斗争，曾经大大地占据了精神上一切的能力和力量以及外在的手段，因而使得人们没有自由的心情去理会那较高的内心生活和较纯洁的精神活动，以致许多较优秀的人才都为这种艰苦环境所束缚，并且部分地被牺牲在里面。因为世界精神太忙碌于现实，所以它不能转向内心，回复到自身。"① 因此黑格尔提出，"精神上情绪上深刻的认真态度

---

① 黑格尔：《哲学史讲演录》第 1 卷，商务印书馆 1959 年版，第 1 页。

也是哲学的真正的基础。哲学所要反对的，一方面是精神沉陷在日常急迫的兴趣中，一方面是意见的空疏浅薄。精神一旦为这些空疏浅薄的意见所占据，理性便不能追寻它自身的目的，因而没有活动的余地。"①

哲学的反思需要"精神上情绪上深刻的认真态度"，需要从"日常急迫的兴趣"中超脱出来，需要排除"空疏浅薄的意见"，这就是黑格尔把哲学比喻为"黄昏中起飞的猫头鹰"的深层含义。

其五，"消化与生理学"。

列宁（Владимир Ильич Ленин，Ульянов，1870—1924）在阅读黑格尔的《逻辑学》一书时，写下了大量的读书笔记，其中就引证了黑格尔关于"消化与生理学"的比喻。列宁是这样写的：黑格尔"关于逻辑学，说得妙：说它似乎是'教人思维'的（犹如生理学是'教人消化'的?），这是'偏见'"。②

那么，黑格尔关于逻辑学的说法"妙"在哪里呢？人们常常以为逻辑学是"教人思维"的。这种想法或说

① 黑格尔：《小逻辑》，商务印书馆 1980 年版，第 32 页。
② 列宁：《哲学笔记》，人民出版社 1993 年版，第 72 页。

法似乎并无毛病。然而，拿"消化"与"生理学"的关系来比喻"思维"与"逻辑学"的关系，人们就会发现把逻辑学看成是"教人思维"该有多么荒唐。

谁都知道，人用不着学习"生理学""消化学"，就会咀嚼、吞咽、吸收、排泄；反之，如果有谁捧着"生理学"或"消化学"去"学习"吃饭，倒是滑天下之大稽。显然，"生理学"并不是"教人消化"的。同样，人的"思维"也不是"逻辑学""教"出来的。

按照黑格尔的看法，逻辑学是使人"自觉到思维的本性"，也就是自觉到思维运动的逻辑。人是凭借思维的本性去思维，但人并不能自发地掌握思维运动的逻辑。这正如人是凭借消化的本性去消化，但人并不能自发地掌握消化运动的规律一样。

思维运动的逻辑，是人类认识一切事物和形成全部知识的基础。正因如此，黑格尔把他的哲学视为关于真理的逻辑，并把他的最重要的哲学著作称为《逻辑学》。这种关于真理的逻辑，不是"教人思维"，而是展现人类思想发展的概念运动过程。人们通过研究思想运动的逻辑，才能自觉到概念运动的辩证本性，从而达到真理性的认识。

其六，"同一句格言"。

人们在生活中常常用格言来说明生活的意义。黑格尔认为，同一句格言，在一个饱经风霜、备受煎熬的老人嘴里说出来，和在一个天真可爱、未谙世事的孩子嘴里说出来，含义是根本不同的。黑格尔还具体地提到，"老人讲的那些宗教真理，虽然小孩子也会讲，可是对于老人来说，这些宗教真理包含着他全部生活的意义。即使这小孩也懂宗教的内容，可是对他来说，在这个宗教真理之外，还存在着全部生活和整个世界。"①

黑格尔关于"同一句格言"的说法，会使我们想起辛弃疾的一首词。在《丑奴儿》这首词中，辛弃疾（1140—1207）写："少年不识愁滋味，爱上层楼。爱上层楼，为赋新词强说愁。而今识尽愁滋味，欲说还休。欲说还休，却道天凉好个秋。"这大概就是老人与孩子对"愁"的不同感受与表达吧。黑格尔的这个比喻告诉人们，哲学不仅仅是一种慎思明辨的理性，而且是一种体会真切的情感，不仅仅是一系列的概念的运动与发展，

---

① 黑格尔：《小逻辑》，商务印书馆1980年版，第423页。

而且是蕴含着极其深刻的生活体验。因此，真正地进入哲学思考，还必须要有中国传统哲学所提倡的体会、领悟、品味、咀嚼乃至顿悟。哲学不是现成的知识，不是僵死的概念，不是刻板的教条，学习哲学不能"短训"，不能"突击"，更不能"速成"。哲学是一个熏陶的过程，体验的过程，陶冶的过程，它是人把自己培养成人（而不是"某种人"）的"终身大事"。

其七，"动物听音乐"。

哲学不是现成的知识。如果把哲学当作现成的知识去接受和套用，虽然可以使用某些哲学概念，但却始终不知道哲学为何物，因而也不可能真正地进入哲学思考。这就"像某些动物，它们听见了音乐中一切的音调，但这些音调的一致性与谐和性，却没有透过它们的头脑"。①

这个比喻也许过于刻薄了，但却尖锐而深刻地揭示了形成哲学智慧的艰难。黑格尔说，"常有人将哲学这一门学问看得太轻易，他们虽从未致力于哲学，然而他们可以高谈哲学，好像非常内行的样子。他们对于哲学的常识还无充分准备，然而他们可以毫不迟疑地，特别当他

---

① 黑格尔：《哲学史讲演录》第 1 卷，商务印书馆 1959 年版，第 5 页。

们为宗教的情绪所鼓动时，走出来讨论哲学，批评哲学。他们承认要知道别的科学，必须先加以专门的研究。而且必须先对该科有专门的知识，方有资格去下判断。人人承认要想制成一双鞋子，必须有鞋匠的技术，虽说每人都有他自己的脚做模型。而且也都有学习制鞋的天赋能力，然而他未经学习，就不敢妄事制作。唯有对于哲学，大家都觉得似乎没有研究、学习和费力从事的必要。"① 这样地"高谈哲学"，当然也就如同动物听音乐一样，可以听见"音乐中一切的音调"，但却听不到这些音调的"一致性与谐和性"。

对待哲学的另一种态度，则是黑格尔所批评的"反对真理的谦逊"。黑格尔举例说，如果有人提出这样的问题："真理是什么东西？"这意思就是说，"一切还不是那么一回事，没有什么东西是有意义的"。而这种把一切都视为虚幻的态度，所剩下的却只能是他自己的"主观的虚幻"。②

黑格尔还十分生动地批评了对待哲学的又一种态度，

---

① 黑格尔：《小逻辑》，商务印书馆 1980 年版，第 42 页。
② 同上，第 65 页。

这就是"心灵懒惰的人"的态度。"他们以为当思维超出了日常表象的范围，便会走上魔窟；那就好像任他们自身漂浮在思想的海洋上，为思想自身的波浪所抛来抛去，末了又复回到这无常世界的沙岸，与最初离开此沙岸时一样地毫无所谓，毫无所得。"① 因此，黑格尔在他的著作中，经常呼唤人们对崇高的渴求。

毫无疑问，我们必须批判地对待黑格尔的哲学思想；但是，在进入哲学思考的时候，仔细地品味黑格尔的这些关于哲学的比喻，我们起码可以得到这样一些初步的体会：

哲学如同普照大地的阳光，它照亮了人类的生活世界，使得人类生活显现出意义的"灵光"；

哲学作为"思想中所把握到的时代"，不同时代的哲学，以及同一时代对生活意义具有不同理解的哲学，总是处于相互批判之中，哲学史便显得像一个"厮杀的战场"一样；

哲学思想之间的相互批判，并不是一无所获的徒然的否定，而是如同"花蕾、花朵和果实"的自我否定一样，

----

① 黑格尔：《小逻辑》，商务印书馆 1980 年版，第 65 页。

在否定中实现自身的发展，因而哲学的历史是哲学发展的历史；

哲学是一种"反思"的智慧，它是"对认识的认识"，"对思想的思想"，它需要深沉的思考和深切的体验，因此它如同"密涅瓦的猫头鹰"一样，总是在薄暮降临时才悄然起飞；

哲学智慧并不是"教人思维"，而是使人自觉到"思维的本性"，掌握思想运动的逻辑，从而获得真理性的认识；

真正掌握哲学智慧，不仅需要慎思明辨的理性，而且需要体会真切的情感，需要丰富深刻的阅历，这就像"同一句格言"，在老人和孩子那里的含义不同一样；

哲学不是现成的知识性的结论，如果只是记住某些哲学知识或使用某些哲学概念，那就会像"动物听音乐"一样，听到各种各样的"音调"，却听不到真正的"音乐"。

真正的音乐会引起心灵的震荡，真正的哲学会引起思维的撞击。在哲学的海洋中扬帆远航，会激发我们的理论兴趣，拓宽我们的理论视野，撞击我们的理论思维，提升我们的理论境界。

关于人的哲学

人类的历史，是把世界变成对人来说是真、善、美相统一的世界的过程，因此，哲学所探寻的真、善、美问题，归根到底是探寻人自身及其与世界的相互关系的问题。人的奥秘，是哲学的奥秘所在；探寻哲学的奥秘，就是在求解人的奥秘。人及其与世界的关系，是全部哲学问题的集结点。

一、哲学与"认识你自己"

"认识你自己"，这句脍炙人口的古希腊名言，也许是最为简洁而精辟地揭示了哲学的奥秘——从人自身去破解哲学。

在人类已知的世界中，人类自己是最奇特的存在。"人是世界上唯一具有认识自我的本性、唯一能够认识自我的存在物"，"认识自我是人的自我意识的集中表现，并突出地表明人是一种自觉自为的存在物"。①

人在"我"的自我意识中，将人与世界把握为"关系"性的存在，又把世界（包括人自身）视为"对象"性的存在，从而进行认识的和实践的"对象性"活动，并在各种各样的"对象"性活动中，把世界变成对人来说是真善美相统一的现实。

在人与世界的"关系"中，在人的认识和改造世界的"对象"性活动中，人类既要"外向"地探索外部世界的"客观规律"，又要"内向"地认识自我的"本性"。然而，人们探索外部世界的"客观规律"，在最终的意义上，并不是为了解释和说明外部世界，而是为了掌握外部世界的"客观规律"来实现人自己的目的；人们认识自我的"本性"，从根本上说，也不是为了把玩或欣赏自己的奇异之处，而是为了合乎"本性"地实现自身的发展。所以，人类的一切探索，包括哲学探索，都是为了人自身的发展而进行的探索。

由于人类的哲学思维不是"构成思想"的思想维度，而是"反思思想"的思想维度，所以，虽然古往今来的

---

① 夏甄陶：《人：关系、活动、发展》，载《哲学研究》1997 年第 10 期。

哲学探索也总是在"对象"性的认识活动中去探寻世界的奥秘，但这种探寻的出发点、立足点和归宿点却均在人自身。"哲学对世界的认识实际不过就是对人自己的认识，它是通过对世界的认识以理解人自身的存在及其活动的性质、意义和价值的"，"所以，在哲学史上就形成了这样的情况，哲学是怎样理解人的，它也就怎样去理解世界；哲学关于世界的那些观点，从本质上说，表现的同时就是人对自身的看法"。①

从直接表达的理论内容上看，最初的哲学总是在寻求"万物的统一性"，并把"水""火""原子"等视为"万物所由来"和"万物所复归"的"始基""基质"或"本原"。然而，只要我们做进一步的思考，就会发现一个极为重要的问题：哲学为什么要寻求"万物的统一性"？德国哲学家恩斯特·卡西尔说，"从人类意识最初萌发之时起，我们就发现一种对生活的内向观察伴随着并补充着那种外向观察。人类的文化越往后发展，这种内向观察就变得越加显著。""在对宇宙的最早的神话学解释中，我们总是可以发现一个原始的人类学与一个原

---

① 高清海：《哲学的憧憬——〈形而上学〉的沉思》，吉林大学出版社 1993 年版，第 3 页。

始的宇宙学比肩而立：世界的起源问题与人的起源问题
难分难解地交织在一起。"他还具体地指出："希腊哲学
在其最初各阶段上看上去只关心物理宇宙。宇宙学明显
地支配着哲学研究的所有其他分支。然而，希腊精神特
有的深度和广度正是在于，几乎每一个思想家都是同时
代表着一种新的普遍的思想类型。在米利都学派的物理
哲学之后，毕达哥拉斯派发现了数学哲学，埃利亚派思
想家最早表达了一个逻辑哲学的理想。赫拉克利特则站
在宇宙学思想与人类学思想的分界线上。虽然他仍然像
一个自然哲学家那样说话，并且属于'古代自然哲学
家'，然而他确信，不先研究人的秘密而想洞察自然的秘
密那是根本不可能的。如果我们想把握实在并理解它的
意义，我们就必须把自我反省的要求付诸实现。因此对
赫拉克利特来说，可以用两个字概括他的全部哲学：'我
已经寻找过我自己'。"①

　　在总结以往的全部哲学发展的基础上，恩格斯提出：
"全部哲学，特别是近代哲学的重大的基本问题，是思维
和存在的关系问题。"② 近代哲学自觉地把"思维和存在

---

　　① 恩斯特·卡西尔：《人论》，上海译文出版社1985年版，第6—7页。
　　② 《马克思恩格斯选集》第4卷，人民出版社1995年版，第223页。

的关系问题"作为哲学的重大的基本问题，这标志着哲学更为直接地从人出发去探寻人与世界的关系。在论述"哲学的思维方式"时，我们曾经提出，作为哲学基本问题的"思维和存在的关系问题"，是"思维"把"思维和存在的关系"作为"问题"而予以"反思"。这就是说，近代以来的哲学，已经自觉地从人出发去思考哲学问题，在德国古典哲学奠基人康德的"哥白尼式的革命"中，更为明确地从"主体"出发去反思全部哲学问题。而在德国古典哲学集大成者黑格尔的"概念世界"中，则构成了人类按照自己的思维本性而形成的人的特有的世界。在黑格尔看来，人类思想运动的逻辑，既是人类思维本性的实现，也是人类思维所自觉到的"思维和存在"所服从的同一规律体系，因此，人不断地把概念变成目的性要求，给自己构成不断更新的世界图景，并把这种"善"的要求"通过扬弃外部世界的各个规定来使自己获得具有外部现实性形式的实在性"。①

德国古典哲学的另一位代表人物费尔巴哈，为了反对黑格尔把人抽象为"逻辑"，曾经明确地提出了以"人"为出发点的"人本学"，试图找到一条"从他自己所极端

① 黑格尔：《小逻辑》，商务印书馆 1980 年版，第 290 页。

憎恶的抽象王国通向活生生的现实世界的道路"。"他紧紧地抓住自然界和人；但是，在他那里，自然界和人都只是空话。无论关于现实的自然界或关于现实的人，他都不能对我们说出任何确定的东西。但是，要从费尔巴哈的抽象的人转到现实的、活生生的人，就必须把这些人当作在历史中行动的人去研究。"在评论费尔巴哈与德国古典哲学的终结时，恩格斯说："费尔巴哈所没有走的一步，终究是有人要走的。对抽象的人的崇拜，即费尔巴哈的新宗教的核心，必须由关于现实的人及其历史发展的科学来代替。这个超出费尔巴哈而进一步发展费尔巴哈观点的工作，是由马克思于 1845 年在《神圣家族》中开始的。"①

在马克思看来，"概念"并不是"无人身的理性"，而是人类实践活动的产物，即概念既是实践主体对实践客体的规律性认识的结晶，又是实践主体对实践客体的目的性要求的体现，因而"概念"是"合规律性"与"合目的性"的统一，是"物的尺度"与"人的尺度"的统一。在扬弃黑格尔哲学的过程中，马克思不仅以实践范畴去扬弃全部传统哲学中的"自然本体"与"精神

---

① 《马克思恩格斯选集》第 4 卷，人民出版社 1995 年版，第 241 页。

本体""客体性原则"与"主体性原则"的抽象对立，而且把实践活动本身视为人与世界对立统一的根据，从"现实的人及其历史发展"出发去解决全部哲学问题。

二、人的存在与人的世界

人，首先是直观地表现为一个一个的感性实体的存在。马克思和恩格斯指出："任何人类历史的第一个前提无疑是有生命的个人的存在。因此，第一个需要确定的具体事实就是个人的肉体组织，以及受肉体组织制约的他们与自然界的关系。"[①] 显然，从人与自然界的关系去思考人的存在和人的世界，是理解人的首要前提。正是从这个前提出发，马克思和恩格斯进一步提出："我们首先应当确定一切人类生存的第一个前提也就是一切历史的第一个前提，这个前提就是：人们为了能够'创造'历史，必须能够生活。但是为了生活，首先就需要衣、食、住以及其他东西。因此第一个历史活动就是生产满足这些需要的资料，即生产物质生活本身。"[②]

① 《马克思恩格斯选集》第 1 卷，人民出版社 1995 年版，第 73 页。
② 同上，第 78—79 页。

然而，现实的人"不是处在某种幻想的与世隔绝、离群索居状态的人，而是处于一定条件下进行的现实的、可以通过经验观察到的发展过程中的人。"① 正因如此，马克思提出，"人的本质并不是单个人所固有的抽象物。在其现实性上，它是一切社会关系的总和"，人"实际上是属于一定的社会形式的"。② 社会性是人的根本属性，"社会"是人的存在形式。

社会性的人是历史性的存在。马克思说："人的存在是有机生命所经历的前一个过程的结果。只是在这个过程的一定阶段上，人才成为人。但是一旦人已经存在，人，作为人类历史的经常前提，也是人类历史的经常的产物和结果，而人只有作为自己本身的产物和结果才成为前提。"③

人作为"历史的经常前提"，总是"前一个过程的结果"，他们的历史活动总是决定于在他们以前已经存在、不是由他们创立而是由前一代人创立的历史条件。因此，人们的历史活动并不是"随心所欲"的，人们的历史活动的结果表现为不以人们的意志为转移的历史发展规律。

<hr>

① 《马克思恩格斯选集》第1卷，人民出版社1995年版，第73页。
② 同上，第60页。
③ 《马克思恩格斯全集》第26卷（Ⅲ），人民出版社1974年版，第545页。

人作为"人类历史的经常的产物和结果",他获得了创造历史的现实条件和现实力量,并凭借这种现实条件和现实力量去改变自己和自己的生存环境,实现社会历史的进步,为自己的下一代创造新的历史条件。

人类所具有的自然性、社会性和历史性,表明人类是一种独特的矛盾性的存在:人类作为物质世界链条上的特定环节,是自在的或自然的存在;人类作为认识世界和改造世界的主体,又是自为的或自觉的存在;人类作为自在存在与自为存在的统一是自在自为的存在,即作为物质世界中达到自我认识和自我改造的能动性主体而存在。

作为自在的或自然的存在,人类统一于物质世界,物质世界是人类生存和发展的根据;作为自为的或自觉的存在,人类又创造属于人的世界,人是自己生存和发展的根据;作为自在自为的存在,人类既服从于自然的规律又实现自己的目的,并以自己的历史性活动而构成思维与存在、主观与客观、目的性要求与客观性规律、人的尺度与物的尺度的统一。

哲学史表明,从自在性、自为性和自在自为性这三个不同的视角去看待人以及人与世界、思维与存在的关系,就形成了三种不同的哲学理论：从自在观点出发的旧唯物论，从自为观点出发的唯心论，从自在自为观点出发的马克思主义哲学。

马克思主义哲学之所以能够真正地从自在自为的观点出发去看待人的存在，从根本上说，是因为马克思主义哲学把人理解为实践性的存在。

以马克思主义哲学看来，人类的社会生活在本质上是实践的。实践是人类的生存方式和发展方式。实践既造成了人类自身存在的自然性与社会性、自在性与自为性的二重性，又把世界分化为自在的世界与自为的世界、自然的世界与属人的世界。人的存在和人的世界，都需要从人的实践的存在方式去理解。

人类在自己的实践活动中，首先是在自己的生产劳动中，把自身提升为认识世界和改造世界的主体，从而把整个自然界（包括人自身的自然）变成认识和改造的对象即客体。这样，实践活动就否定了自然而然的世界的单纯的自在性，使之变成"人化了的自然""属人的自然"，变成人的实践活动所造成的人的文化世界。由此便形成了现实世界的二重化，即自在世界与自为世界、自然世界与属人世界、客观世界与主观世界的分裂与对立。

所谓现实世界的"二重化",当然不是说世界自身分裂为两种根本不同的存在(只有在宗教的"想象"中,才把世界分裂为神的"彼岸世界"和人的"此岸世界")。现实世界的"二重化"是说,人类的实践活动使自然而然的世界具有了二重属性:一方面,无论是实践的主体(从事实践活动的人)和实践的客体(包括人及其思维在内的全部实践对象),还是实践活动中沟通主体与客体的所有中介(首先是物质性的劳动工具),在"本原"的意义上,都是自然的存在,都属于自然世界;另一方面,实践活动的主体、客体及其中介,在现实性上,又都是人类自己实践活动的产物和结果,都属于人类自己所创造的属人的世界、文化的世界。对于人类来说,世界就不仅仅是一个自在的、没有"关系"的世界,而且是一个自为的、与人发生种种"关系"的世界。

在人的社会性和历史性的实践活动中,一方面,人作为自然的产物和自然世界中的存在,在自己的实践活动中面向着客观世界,以客观世界为转移,以客观世界来规定自己的活动;另一方面,实践活动的本质又在于世界不会主动地满足人的需要,人必须以自己的行动来改变世界,从而使世界满足自己的需要。人为自己绘制自己所要求的客观世界的图景，并通过对象化的实践活动改变外部现实，使世界变成人类的理想的现实。

三、人类存在的意义

人类是实践性的存在，这意味着人类是矛盾性的存在。人类在自身的实践活动及其历史发展中，构成了思维与存在、感性与理性、主观与客观、主体与客体、人的尺度与物的尺度、合目的性与合规律性、道德法则与自然法则、个人占有历史与历史占有个人等无限的"矛盾"。

人类自身的矛盾性，使人类自己成为最难认识的对象，尤其是使人类自己存在的"意义"成为最难认识的对象。有的学者作出这样的描述："人身上充满着矛盾的规定，任何一种肯定的规定，似乎都有其否定的方面。""人是理性的动物，但在人的意识和行为中又充满着非理性的因素，并常常非理性地对待和运用自己的理性；人是最有智慧的动物，但人又常常作出最愚蠢的事；人是最有创造性的，但人的创造总是伴随着破坏，人还会利用创造的成果进行破坏；人是有道德的，但最不道德的也是人，而被有些人视为道德的，恰恰是不道德的，反之亦然；如此等等。"① 还有的学者作出这样的描述："人真可以真至披肝沥胆肝胆相照，人假可以假至尔虞我诈阳奉阴违；人善可以善至舍生忘死救人助人，人恶可以恶至疯狂残暴屠杀同类；人美可以美至为了理想信念慨然高歌赴死，人丑可以丑至为了区区小利卖身投靠而苟活。"② 正是人类自身存在的矛盾性，使得人类存在的"意义"成为人类自己追问的最大的问题，因而也成为"社会的自我意识"——哲学——追问的最大的问题。

世界上的一切存在，可以分为生命的存在与非生命的存在。

生命的存在，可以分为人的生命存在与其他生物的生命存在。

人的生命存在的方式是"生活"，其他生物的生命存在则仅仅是"生存"。生活与生存，是人与其他生物的根本区别。

生活与生存的区别，首先在于生活是有意识的生命创造活动，而生存则是无意识的生命适应活动。马克思说：

---

① 夏甄陶：《人：关系、活动、发展》，载《新华文摘》1998 年第 1 期。
② 刘晓英：《立体的实践和立体的人》，载《新华文摘》1998 年第 2 期。

"动物是和它的生命活动直接同一的。它没有自己和自己的生命活动之间的区别。它就是这种生命活动。人则把自己的生活活动本身变成自己的意志和意识的对象。他的生活活动是有意识的……有意识的生活活动直接把人跟动物的生命活动区别开来。"①

动物的生命活动就是它的生存，它的生存也就是它的生命活动。动物以自然所赋予的生命本能去适应自然，从而维持自身的生存。这种生存的生命活动是纯粹的自然存在。

人则不仅以生命活动的方式存在，而且意识到自己的生命活动，并且根据自己的意志和意识进行生命活动。这样，人的生命活动就成为实现人的目的性要求的活动，把自己的目的性要求变成人所希望的现实的活动，让世界满足自己的需要的活动。正因如此，人的生命活动就不再是纯粹适应自然以维持自身存在的生存方式，而是改变自然以创造人的世界的生活方式。

生活与生存的区别，又在于人的生命活动是创造性的历史活动，而动物的生命活动则是适应自然的非历史活动。动物只是按照它所属的那个物种的尺度本能地适应

---

① 马克思：《1844 年经济学哲学手稿》，人民出版社 1979 年版，第 50 页。

自然，因此它永远只能是一代又一代地复制自身。这种纯粹自然的物种繁衍，造成一代又一代的本能的生命存在，因而是非历史的存在。人则不然。人在自己的生命活动中，不仅仅是按照物的尺度与人的尺度的统一进行生产，而且不断地在这种生产中改变自身的存在。因此，人不像动物那样一代又一代地复制自己，而是一代又一代地发展自己。只有人才有自己的"历史"，只有人的生命才是历史性的存在。

历史性的存在，就是"文化"的存在。人的生命活动，不仅是改变生活环境的活动，使自然"人化"的活动，把"人属的世界"变成"属人的世界"的活动，而且是改变人类自身的活动，使自身"文化"的活动，把"属人的世界"变成"文化世界"的活动。

文化是人的存在方式。人类创造了把握世界的各种各样的文化方式，诸如经验的、常识的、神话的、宗教的、艺术的、伦理的、科学的、哲学的和实践的文化方式。人类以文化的方式去把握世界，就形成了丰富多彩的、生生不已的人的文化世界，诸如宗教的世界、艺术的世界、伦理的世界、科学的世界等。文化是人的生活世界。

四、关于人类解放的哲学

在论述"理论"的时候，马克思提出："理论只要说服人，就能掌握群众；而理论只要彻底，就能说服人。"那么，理论的彻底性在哪里？马克思说："所谓彻底，就是抓住事物的根本。但人的根本就是人本身。"① 在关于"人"的哲学反思中，马克思为哲学开辟了新的道路——创建关于人类解放的哲学。

马克思写于 1845 年春的《关于费尔巴哈的提纲》，被恩格斯称作包含天才世界观萌芽的第一个宝贵文件。正是在这个"宝贵文件"中，马克思提出："环境的改变和人的活动的一致，只能被看作是并合理地理解为革命的实践"；"凡是把理论导致神秘主义方面去的神秘的东西，都能在人的实践中以及对这个实践的理解中得到合理的解决"；"旧唯物主义的立脚点是'市民'社会；新唯物主义的立脚点则是人类社会或社会化了的人类"；"哲学家们只是用不同的方式**解释**世界，而问题在于**改变**世界。"

————————

① 《马克思恩格斯选集》第 1 卷，人民出版社 1995 年版，第 9 页。

马克思认为，由于旧唯物主义只是从"直观"的形式去理解人与世界之间的关系，而没有从"人的感性活动"即"实践"去理解这种关系，因而旧唯物主义不可能真实地理解人及其与世界的关系，即使是以"人本学"为标志的费尔巴哈哲学，也"从来没有看到真实存在着的、活动的人，而是停留在抽象的'人'上，并且仅仅限于在感性范围内承认'现实的、单独的、肉体的人'"。①同时，马克思又提出，由于唯心主义同样"不知道真正现实的、感性的活动本身"，所以只能是"抽象地发展了""能动的方面"。②马克思具体地指出，黑格尔的唯心主义哲学，是把"自然""精神"和"人"都抽象化和神秘化了，既把现实的"人"及其"精神"抽象化为"无人身的理性"，又把人的现实活动抽象化为"无人身的理性"的自我运动。③

在批判黑格尔的思辨哲学时，马克思特别强调的是，黑格尔的"无人身的理性"的自我运动的哲学，并不是某种超然于世界之外或凌驾于世界之上的"玄思"或"遐想"，而是以"最抽象的形式"表达了人类的"最现

---

① 《马克思恩格斯选集》第 1 卷，人民出版社 1995 年版，第 59—61 页。
② 同上，第 59 页。
③ 同上，第 58 页。

实"的生存状况，即"个人现在受抽象统治，而他们以
前是互相依赖的。但是，抽象或观念，无非是那些统治
个人的物质关系的理论表现"。^① 因此，马克思给自己提
出的任务是从黑格尔的"抽象或观念"中揭示出"统治
个人的物质关系"。这就是马克思为了寻求人类解放之路
而进行的哲学—经济学批判。

在这种哲学—经济学批判中，马克思曾以一个生动而
犀利的论断来揭示英国古典政治经济学和德国古典哲学
的本质。马克思说："如果说有一个英国人把人变成帽
子，那么，有一个德国人就把帽子变成了观念。这个英
国人就是李嘉图……这个德国人就是黑格尔。"^② 李嘉图
在他的政治经济学理论中，用物和物的关系掩盖了人和
人的关系；黑格尔在他的思辨哲学中，则把物与物的关
系、人与物的关系、人与人的关系都神秘地化为观念之
间的关系。这样，所有的现实关系，都变成了"纯粹的、
永恒的、无人身的理性"的自我运动。正因如此，马克
思把哲学批判首先指向黑格尔的思辨哲学，使现实的关
系从抽象的观念中显现出来，又从哲学批判转向政治经

---

① 《马克思恩格斯全集》第 46 卷（上），人民出版社 1979 年版，第 111 页。
② 《马克思恩格斯选集》第 1 卷，人民出版社 1995 年版，第 136 页。

济学批判，深刻地揭示物与物的关系下所掩盖的人与人的关系，并把这种哲学—政治经济学批判提升到这样的高度，即"任何一种解放都是把人的世界和人的关系还给人自己"。① 这样，马克思就把他的哲学—政治经济学批判与这种批判的目的——人类解放——统一起来了。

在马克思的"对现存的一切进行无情的批判"② 的过程中，深刻地批判了空想社会主义的"幻想的武器"，从而现实地揭示了人类的解放之路。在马克思主义产生以前，面对资本主义社会受"抽象"（资本）统治的现实与资产阶级思想家所许诺的"自由、平等、博爱"之间的尖锐矛盾，空想社会主义者曾对资本主义社会进行了尖锐的揭露和批判。但是，他们所揭露和批判的不是资产阶级思想家的理论，而是借用这种理论去批判资本主义社会的现实。在他们看来，资本主义社会的现实之所以是残酷黑暗的，之所以是必须否定的，是因为它不合乎"人的本性"，是因为它陷入了"理性的迷误"；而社会主义之所以是美好光明的，之所以是应该追求的，则是因为它合乎"人的本性"，是因为它符合"人的理性"。这种空想社会主义理

---

① 《马克思恩格斯全集》第 1 卷，人民出版社 1956 年版，第 443 页。
② 同上，第 416 页。

论，只能说明资本主义的现实是应该诅咒的，而不能说明资本主义制度灭亡的历史必然性；只能说明无产阶级是一个受苦的阶级，而不能说明无产阶级是资本主义的掘墓人；只能对社会主义作出种种美好的设想，而不能指出实现社会主义的条件和进程。因此，这种以抽象的"人性"和"人的理性"为出发点的空想社会主义理论，对于人类自身的解放来说，只能是一种"幻想的武器"。

马克思认为，这种"幻想的武器"也是基于现实的需要，因为它是同"无产阶级本身还很不发展、因而对本身的地位的认识还基于幻想的时候，是同无产阶级对社会普遍改造的最初的本能的渴望相应的"。但是，"阶级斗争越发展和越有确定的形式，这种超乎阶级斗争的幻想，这种反对阶级斗争的幻想，就越失去任何实践意义和任何理论根据"。① 在理论上用"现实的武器"去代替"幻想的武器"，从而使无产阶级由"自在的阶级"变成"自为的阶级"，这是现实向理论提出的要求，也是理论对现实需要的满足。

马克思主义产生的历史必然性，正在于它是对最重大的现实需要的满足——用科学社会主义这个"现实的武器"

① 《马克思恩格斯选集》第 1 卷，人民出版社 1995 年版，第 304 页。

去代替空想社会主义这个"幻想的武器"。而为了锻造"现实的武器",又必须把"批判的武器"首先指向这个"幻想的武器",并在这种批判中以理论的形式表达真正的现实。正是在对这种"幻想的武器"的理论批判中,马克思抛弃了关于合乎"人的本性"的社会条件的议论,而去考察和揭示人类历史的现实基础,从而在社会有机体众多因素的交互作用中,在社会形态曲折发展的历史进程中,在社会意识相对独立的历史更替中,发现了生产力的最终的决定作用,揭示了人类社会发展的客观规律。

人类历史发展的规律决定了人类自身存在的历史形态的转换。马克思从宏观的历史视野,把人类存在的历史形态概括为"人的依赖关系""以物的依赖性为基础的人的独立性"和"以个人全面发展为基础的自由个性"。①在"人的依赖关系"的历史形态中,个人依附于群体,个人不具有独立性,只不过是"一定的狭隘人群的附属物"。在"以物的依赖性为基础的人的独立性"的历史形态中,个人摆脱了人身依附关系而获得了"独立性",但这种"独立性"却是"以物的依赖性为基础"的。人依赖于物,人受物的统治,人与人的关系受制于物与物的

---

① 《马克思恩格斯全集》第46卷(上),人民出版社1979年版,第104页。

关系，人在对"物的依赖性"中"再度丧失了自己"。于是，对"神"的崇拜变成对"物"的崇拜。马克思之所以说黑格尔哲学是以"最抽象的形式"表达了"最现实的人类状况"，就是因为黑格尔哲学集中地表征了人在对"物的依赖性"中"再度丧失了自己"。因此，马克思的关于人类解放的哲学，是指引人们超越"人的依赖关系"和"以物的依赖性为基础的人的独立性"，而实现以个人全面发展为基础的自由个性。

应当看到，马克思主义并不是它的各个组成部分的简单相加的总和。在马克思主义理论系统中，它的各个组成部分作为其子系统，既具有相对的独立性，又具有内在的统一性，因此表现出明显的二重性：一方面，它们分别作为人类的哲学思想、经济学思想、政治学思想、社会学思想、法学思想、史学思想和文学思想等的革命性的延续，形成马克思主义的各门科学理论，它们具有独立存在的价值，各有自己特殊的研究对象和理论内容，各有自身发展的逻辑；另一方面，它们作为马克思主义理论的内在要素，作为马克思主义理论的有机组成部分，又都失去了自身独立的理论体系，相互渗透融合、互为前提和根据，表现为运用多学科的理论和方法去研究共同的对象、解决共同的问题、具有共同的功能，从而构成内在统一的、不可分割的马克思主义。这就是关于人类解放的学说。

从这样的基本认识出发，就要求我们从两个不同的角度出发去研究马克思主义：一是分别地和专门地研究马克思主义的各个组成部分，从而发展这些各自独立的学科；二是集中地和深入地研究马克思主义原理，将其作为解决同一问题的多侧面、多层次的理论和方法，去研究、深化和发展马克思主义创始人所要解决的中心问题或根本问题。这种研究不仅能够深化我们对马克思主义哲学的理解，而且能够深化我们对全部哲学问题的理解。

哲学的品格

哲学是一种学养，是一种"以学术培养品格""以真理指导行为"的努力。① 哲学对人的品格的培养，首先是同哲学自身的品格息息相关的。哲学的品格，主要地包括"向上的兼容性""时代的容涵性""理论的系统性"和"思想的开放性"，因而真正的哲学具有深厚的历史感、强烈的现实感、巨大的逻辑感和博大的境界感，并从而使人通过哲学的学习增强自己的理论思维能力和提高自己的整体教养水平。

一、向上的兼容性：深厚的历史感

任何一种真正的哲学理论，都是人类认识史的结晶，都积淀着人类智慧的理论成果。哲学发展的最基本的逻

---

① 参见贺麟：《哲学与哲学史论文集》，商务印书馆 1990 年版，第 120 页。

辑,就在于哲学是一种历史性的思想,而哲学史则是思想性的历史,因此,哲学问题总是自我相关、自我缠绕的,即哲学中的"老问题"以胚芽的形态蕴含着新问题,哲学中的"新问题"则是以成熟的形态展开了老问题。正是这种新、老问题的自我相关和自我缠绕,使哲学史构成了一系列螺旋式上升的圆圈,并要求每个时代的哲学都必须具有"向上的兼容性"。

所谓"向上的兼容性",就是每个时代的哲学都必须以巨大的历史尺度去批判地考察全部哲学史,吸收哲学史的全部积极成果,揭露先前哲学所蕴含的内在矛盾,发现先前哲学所遇到的真实的理论困难,从而以解决这种理论困难的方式去推进哲学的发展。

总结全部哲学史,我们会深切地感受到哲学的这种"向上的兼容性",以及哲学由此而获得的"深厚的历史感"。在《谈谈辩证法问题》一文中,列宁曾以描述哲学上的"圆圈"的方式,刻画了哲学的这种向上的兼容性。列宁所描述的三个"圆圈"是:古代,从德谟克利特到柏拉图以及赫拉克利特的辩证法;文艺复兴时代,笛卡儿对伽桑狄(斯宾诺莎);近代,霍尔巴赫到黑格尔(经过贝克莱、休谟、康德),以及从黑格尔经过费尔巴哈到马克思。①

哲学上的"一串圆圈",表现的是哲学的批判继承关系,也就是由哲学的新问题与老问题的自我相关和自我缠绕所决定的"向上兼容"的关系。这种"向上兼容"的关系,从总体上看,是以历史时代为序的,但并不是刻板地"以人物的年代先后为顺序"。②哲学是经由哲学家思维着的头脑创造出来的理论。每种哲学的理论水平,都与哲学家对人类认识史(首先是哲学发展史)的总结息息相关,与哲学家发现和解决先前哲学所遇到的理论困难的能力密切相关。因此,哲学发展史上的"一串圆圈",并不是刻板地以人物的年代先后为序,而是哲学发展史意义上的"圆圈",与哲学历史上的人物的"年代"有一定的"误差"。这恰好表明,哲学的"向上的兼容性"或"深厚的历史感",是哲学的极为重要的品格。

恩格斯曾经提出,黑格尔哲学的理论力量,在于它的"巨大的历史感"。读一读黑格尔的《精神现象学》《哲学史讲演录》与《逻辑学》,我们不能不折服于一种历史性的思想与思想性的历史的相互辉映的理论征服力量。

---

① 参见《列宁全集》第55卷,人民出版社1990年版,第308页。
② 同上。

在黑格尔哲学中，尽管有许多"猜测"的甚至是"神秘"的东西，但是，这种由"史论结合"所形成的理论力量，却是发人深省的。正是在系统总结和深刻反思包括黑格尔哲学在内的人类思想史的基础上，恩格斯明确地指出，所谓"辩证哲学"，就是一种"建立在通晓思维的历史和成就的基础上的理论思维"。①

在《黑格尔〈逻辑学〉一书摘要》中，列宁曾经提出这样一个意义重大的理论问题，即为什么"普遍运动和变化的思想"，在"未被应用于生命和社会以前"，就在黑格尔的《逻辑学》中"被猜测到了"？② 这就是说，为什么自觉形态的辩证法理论不是首先从生命自然领域和社会历史领域中总结出来，而是首先由研究概念逻辑运动的黑格尔把世界理解和描述为一个过程？这个问题的确是发人深省的。

在论述黑格尔哲学时，恩格斯曾经一再强调地指出，黑格尔的辩证法理论是以最宏伟的形式总结了全部哲学发展，是两千五百年来的哲学发展所达到的成果，黑格尔的每个范畴都是哲学史上的一个阶段。同样，列宁也

① 《马克思恩格斯选集》第 4 卷，人民出版社 1995 年版，第 308 页。
② 《列宁全集》第 55 卷，人民出版社 1990 年版，第 114 页。

强调地指出，黑格尔的辩证法是思想史的概括，黑格尔在哲学中着重地探索辩证的东西，黑格尔是把他的概念、范畴的自己发展和全部哲学史联系起来了。这就十分清楚地告诉人们，黑格尔之所以能够在人类认识史上第一个创立自觉形态的辩证法理论，就在于这个理论本身是全部人类认识史的成果，是从人类认识史的总结中产生出来的。简洁地说，就在于它是恩格斯所说的"建立在通晓思维的历史和成就的基础上的理论思维"。

通晓思维的历史和成就，这不仅使哲学自身获得了深厚的历史感，而且也为哲学的现实感、逻辑感和境界感奠定了坚实基础。

哲学作为"思想中所把握到的时代"或"时代精神的精华"，它所把握到的"现实"，并不是对"实存"的各种事例的罗列或关于"实存"的各种统计数据的堆积，而是以"通晓思维的历史和成就的理论思维"去把握现实、观照现实、透视现实，使现实在哲学理论中再现为马克思所说的"许多规定的综合"和"多样性的统一"的"理论具体"。哲学的"历史感"规范着它在何种程度上洞察到现实的本质与趋势，因此，离开"历史感"的所谓的"现实感"，只能是一种外在的、浅薄的、时髦的赝品，那样的"哲学"只能制造某种"明星"式的"轰动效应"，而无法构成"思想中的时代"。

哲学的逻辑感，是以"历史与逻辑的统一"为前提的，是以"由抽象上升到具体"的形式体现的。在理论体系的范畴逻辑关系中，"比较简单的范畴可以表现一个比较不发展的整体的处于支配地位的关系或者一个比较发展的整体的从属关系，这些关系在整体向着以一个比较具体的范畴表现出来的方面发展之前，在历史上已经存在。在这个限度内，从最简单上升到复杂这个抽象思维的进程符合现实的历史过程"①。这表明，只有历史与逻辑的统一，才能实现合乎逻辑的范畴运演，才会使理论获得应有的逻辑力量。由此我们可以懂得，之所以有许多"体系化"的哲学理论并没有相应的"逻辑感"，首先就是因为它缺乏真实的、深厚的"历史感"。

在提出"辩证哲学"是"一种建立在通晓思维的历史和成就的基础上的理论思维"的同时，恩格斯曾尖锐地批评了"坏的时髦哲学"。恩格斯说："官方的黑格尔学派从老师的辩证法中只学会搬弄最简单的技巧，拿来到处应用，而且常常笨拙得可笑。对他们来说，黑格尔

_____

① 《马克思恩格斯选集》第 2 卷，人民出版社 1995 年版，第 20 页。

的全部遗产不过是可以用来套在任何论题上的刻板公式，不过是可以用来在缺乏思想和实证知识的时候及时搪塞一下的词汇语录。"① 这就是说，那种缺少"向上兼容性"即缺少"深厚的历史感"的哲学，由于它不懂得"思维的历史和成就"，因而它必然会堕落成为教条主义的东西。恩格斯对这种"坏的时髦哲学"的批评，是值得每个学习和研究哲学的人深长思之的。

二、时代的容涵性：强烈的现实感

哲学从来不是超然于世界之外的玄思和遐想，而是"思想中所把握到的时代"，或者更简洁地说，是"思想中的现实"。这就是哲学所具有的"时代的容涵性"和"强烈的现实感"。

哲学是"思想中的现实"，这个命题具有两层含义：其一，任何一种真正的哲学都具有时代性的内容，而不是纯粹的思辨的产物；其二，任何一种真正的哲学又都是以"思想"即"理论"的方式所把握到的"现实"，

---

① 《马克思恩格斯选集》第 2 卷，人民出版社 1995 年版，第 40 页。

而不是简单的关于"现实"的"表象"。这两方面的含义，对于理解和把握"哲学是思想中的现实"这个命题都是至关重要的，或者说，这两方面的含义，对于理解和把握"哲学是思想中的现实"这个命题是缺一不可的。

具体地说，哲学是"思想中的现实"的第一层含义，表明了哲学与现实的不可割裂的密切关系，因此，人们只有从时代的历史性特征及其历史性转换出发，才能理解哲学的理论内容及其历史演化；哲学是"思想中的现实"的第二层含义，则是表明了哲学与现实之间的关系的特殊性，即哲学家以理论的形式所表现的现实，蕴含着哲学家用以观察和解释现实的概念框架和解释原则，因此现实在哲学理论中会得到不同的表现和解释。正是这第二层含义，为哲学的实际状况作出了必要的理论解释。这就是，为什么同一时代的哲学会有迥然有别或截然相反的理论观点。

美国出版的"导师哲学家丛刊"，曾以下列标题来表征中世纪以来的各个时代的哲学："信仰的时代"（中世纪哲学），"冒险的时代"（文艺复兴时期的哲学），"理性的时代"（17世纪哲学），"启蒙的时代"（18世纪哲学），"思想体系的时代"（19世纪哲学），

"分析的时代"（20世纪哲学）。不管这种概括恰当与否，但它确实显示了哲学的这种最基本的品格，即哲学是"思想中的时代"，它具有"时代的容涵性"和"强烈的现实感"。

任何一种真正的哲学，无论它在表现形式上是多么抽象或思辨，它都具有这种"时代的容涵性"。在评论黑格尔的思辨哲学时，马克思提出，这个思辨的哲学体系有三个因素：第一个因素是形而上学地改了装的、脱离了人的自然；第二个因素是形而上学地改了装的、脱离了自然的精神；第三个因素是形而上学地改了装的以上两个因素的统一，即现实的人和现实的人类。① 由此马克思提出，去掉这种"形而上学地改了装的"思辨性和神秘性，黑格尔哲学在其现实性上，就是这样三个因素：作为人自身和人的对象的"自然"；以自然为基础的人的"精神"；作为这二者统一的"现实的人"和"现实的人类"。

马克思对黑格尔思辨哲学的批判性揭示，显露了这种思辨哲学与现实的真实联系。那么，黑格尔为什么把现实的"自然""精神"和"人"都神秘化地描绘为"绝

---

① 《马克思恩格斯全集》第2卷，人民出版社1959年版，第177页。

对理念"即"无人身的理性"的自我运动呢？这是黑格尔的超然于世界之外的"玄思"和"遐想"吗？对于这个问题的回答，马克思更为深刻地揭示了黑格尔思辨哲学的本质，也更为深刻地揭示了理论与现实的关系。马克思指出，黑格尔是以最抽象的形式表达了最现实的人类状况："个人现在受抽象统治，而他们以前是互相依赖的。但是，抽象或观念，无非是那些统治个人的物质关系的理论表现。"① 这就是说，黑格尔的"抽象"，既不是他个人的"偏爱"，也不是他个人的"编造"，而是根源于理论所表达的现实——现实被"抽象"所统治。在这个意义上，黑格尔的思辨哲学就不是远离了现实，恰恰相反，它是以"抽象"的理论形式而真实地表达了受"抽象"统治的现实。

进一步问：黑格尔的"抽象或观念"所表达的"统治个人的物质关系"究竟是什么？马克思说："我的研究得出这样一个结论，法的关系正像国家的形式一样，既不能从它们本身来理解，也不能从所谓人类精神的一般发展来理解，相反，它们根源于物质的生活关系，这种物质的生活关系的总和，黑格尔按照 18 世纪的英国人和

---

① 《马克思恩格斯全集》第 46 卷（上），人民出版社 1979 年版，第 111 页。

法国人的先例，概括为'市民社会'，而对市民社会的解剖应该到政治经济学中去寻求。"① 因此，马克思把自己的哲学批判诉诸政治经济学批判，并在政治经济学批判中更为深刻地揭示黑格尔哲学与现实的关系。

在这种哲学——政治经济学批判中，马克思曾以一个生动而犀利的论断来揭示理论所表达的现实和现实所产生的理论的相互关系。马克思说："如果说有一个英国人把人变成帽子，那么，有一个德国人就把帽子变成了观念。这个英国人就是李嘉图，……这个德国人就是黑格尔。"② 英国古典经济学家李嘉图在他的政治经济学理论中，用物和物的关系掩盖了人和人的关系；德国古典哲学家黑格尔在他的思辨哲学中，则把物和物的关系、人和物的关系、人和人的关系全都神秘化地抽象为观念与观念之间的关系。这样，所有的现实关系，都变成了黑格尔的"纯粹的、永恒的、无人身的理性"的自我运动。正因如此，马克思把自己的理论批判首先指向黑格尔的思辨哲学，使现实的关系从抽象的观念中显现出来，又从哲学批判转向政治经济学批判，使人与人的关系从物

① 《马克思恩格斯选集》第 2 卷，人民出版社 1995 年版，第 32 页。
② 同上，第 136 页。

与物的关系中显现出来。

那么，在李嘉图的"帽子"和黑格尔的"观念"中所掩盖的现实关系究竟是什么？马克思认为，黑格尔以抽象的观念普遍性所表达的"统治个人的物质关系"的普遍性，就是"资本"与"劳动"的关系。在资本主义社会里，"资本"具有独立性和个性，而活动着的个人却丧失了独立性和个性。这表现在：一方面，资本家只不过是人格化的资本，他的灵魂就是资本的灵魂；另一方面，不仅特殊的部分劳动被分配在不同个人之间，而且个人已被转化成了某种部分劳动的自动机器。"资本"具有独立性和个性，它统治着整个的现实，这是资本主义社会的最现实的普遍性，也是现实受"抽象"（资本）的统治的最普遍的现实。

马克思的精辟分析表明，黑格尔的"抽象"并不是超然于现实之外的玄思和遐想，而是一种深刻的思想中的现实——以"抽象"的理论表达了个人受"抽象"统治的现实。"抽象"对理论的统治根源于统治现实的"抽象"。

如果我们把黑格尔以"抽象"的理论所表达的个人受"抽象"统治的现实，同马克思对黑格尔的"抽象"

的批判加以对比，我们就会懂得，哲学作为"思想中的现实"，它不仅是理论地表征着现实，而且表现着哲学家对现实的不同理解与要求。作为无产阶级革命理论的马克思主义哲学，不仅承认个人受"抽象"统治的现实，而且要求把人从"抽象"的统治中解放出来，也就是从"物"的普遍统治中解放出来，从"资本"的普遍统治中解放出来，把"资本"的独立性和个性变为人自己的独立性和个性。因此，马克思对黑格尔的理论形式的"抽象"的批判，就是批判产生这种理论的统治现实的"抽象"。

"现实"是充满矛盾的过程，表征现实的哲学理论也具有相互冲突的内容和形式。而评价一种哲学理论的时候，则既要看它在何种程度上表征了现实，又要看它对现实提出了怎样的理解与要求。作为"法国革命的德国理论"，黑格尔哲学的产生既有其历史的合理性，更蕴含着内在的否定性。这是历史本身的辩证法，也是由历史所决定的哲学理论的辩证法。

哲学作为"思想中的时代"，它的"现实感"并不是"表象"或"再现"现实，而在于它对时代的整体性的把握、批判性的反思和理想性的引导。

哲学作为世界观理论，它同现实之间是有"间距"的。全部理论、特别是哲学理论与现实之间具有并保持一定的"间距"，这是全部理论、特别是哲学理论得以产生、发展和对现实发挥作用的基本前提。正是由于这种"间距"，哲学才能使人超越感觉的杂多性、表象的流变性、情感的狭隘性和意愿的主观性，才能全面地反映现实，深层地透视现实，理性地解释现实，理想地引导现实，理智地反观现实，才能实现"思想中所把握到的时代"，才能成为"时代精神的精华"。

当代著名哲学家伽达默尔曾经提出："一切实践的最终含义就是超越实践本身。"① 这个论断是意味深长的，值得深思的。实践活动作为追求自己的目的的人类历史过程，人类的历史发展过程也就是实践活动的自我超越，即历史地否定已有的实践方式、实践经验和实践成果，又历史地创造新的实践方式、实践经验和实践成果。在实践自我超越的历史过程中，理论首先是作为实践活动中的新的世界图景、思维方式、价值观念和目的性要求而构成实践活动的内在否定性。这种内在否定性就是理论对实践的理想性引导。正因如此，伽达默尔又说："理

---

① 伽达默尔:《赞美理论》，三联书店 1988 年版，第 46 页。

论就是实践的反义词。"①

理论作为实践的"反义词",并不仅仅在于理论的"观念性"和实践性的"物质性",更在于理论的"理想性"和实践的"现实性"。人是现实性的存在,但人又总是不满足于自己存在的现实,而总是要求把现实变成更加理想的现实。理论正是以其理想性的世界图景和理想性的目的性要求而超越于实践,并促进实践的自我超越。

理论对现实的超越,还在于它以自身与现实的"间距性"而批判性地反思实践活动和规范性地矫正实践活动。人类的任何一种实践活动都具有"二律背反"的性质,并因而表现出正、负"双重效应"。无论是当代人类所面对的"全球问题",还是市场经济所形成的"以物的依赖性为基础的人的独立性",都显著地表现出了实践活动的二重性。因此,实践需要理论的"反驳",即理论地批判反思实践活动并促进实践活动的自我超越。

三、理论的系统性:巨大的逻辑感

任何一种真正的哲学理论,都表现为概念发展的有机

---

① 伽达默尔:《赞美理论》,三联书店 1988 年版,第 21 页。

组织，因此，理论的深厚的历史感和强烈的现实感，都实现在它的逻辑化的概念展开过程之中。哲学的力量，是一种理论的逻辑力量，一种理论的说服力量，一种撞击人的理论思维的力量。"逻辑感"，是哲学的最为基本的重要品格。

哲学的逻辑力量，首先是一种撞击人的理论思维的力量。人类思维面对千差万别、千变万化的世界，总是力图在最深刻的层次上把握到世界的统一性，并以此去解释世界上的全部现象。宇宙之谜，历史之谜，人生之谜，对于具有理论思维能力和求知渴望的人类来说，是一种巨大的、不可遏止的精神上的诱惑和智力上的挑战。面对这种种的诱惑和挑战，人类以思维的逻辑去揭开笼罩着自然、历史和人生的层层面纱，并以思维的逻辑去展现自然、历史和人生的本质与规律。古希腊哲学家亚里士多德说，"求知是人类的本性"，"古今来人们开始哲理探索，都应起于对自然万物的惊异"。[①] 哲学的逻辑，是智力探险的逻辑，思维撞击的逻辑，理性创造的逻辑，它对人类智力具有巨大的吸引力。

哲学的逻辑力量，又是一种人类理性自我反省的力

① 亚里士多德：《形而上学》，商务印书馆 1959 年版，第 1 页、第 5 页。

量，理论思维自我批判的力量。"批判"，是人类特有的活动方式。人类既以"实践批判"的方式现实地否定世界的现存状态，从而把世界变成自己所要求的现实，又以"精神批判"的方式在观念上否定世界的现存状态，为实践批判提供理想性图景和目的性要求。而"哲学批判"，则是对"实践批判"和"精神批判"的出发点——这两种批判活动得以进行的根据、标准和尺度——的批判。这样的批判，是对人类的全部活动——实践活动和认识活动——的"前提"批判。在哲学的"前提批判"中，改变了人类的思维方式、价值观念、审美意识和整个生活方式。

哲学的"前提批判"，或者说，哲学对"前提"的"批判"，是一种寻求、揭示和批判地反思人类全部活动的"前提"的逻辑，是一种把隐匿在思想之中的"看不见的手"揭露出来并予以批判的逻辑。这种"前提批判"的逻辑，具有巨大的逻辑震撼力量。在布莱恩·麦基编的《思想家——当代哲学的创造者们》一书中，曾经这样描述哲学和哲学家的特征与使命："如果不对假定的前提进行检验，将它们束之高阁，社会就会陷入僵化，信仰就会变成教条，想象就会变得呆滞，智慧就会陷入贫乏。社会如果躺在无人质疑的教条的温床上睡大觉，就有可能会渐渐烂掉。要激励想象，运用智慧，防止精神生活陷入贫瘠，要使对真理的追求（或者对正义的追求，对自我实现的追求）持之以恒，就必须对假设质疑，向前提挑战，至少应做到足以推动社会前进的水平。人类和人类思想的进步部分是反叛的结果，子革父命，至少是革去了父辈的信条，而达成新的信仰。这正是发展、进步赖以存在的基础。在这一过程中，那些提出上述恼人的问题并对问题的答案抱有强烈好奇心的人，发挥着绝对的核心作用。这种人在任何一个社会中通常都不多见。当他们系统从事这种活动并使用同样可以受到别人批判检验的合理方法时，他们便被称之为哲学家了。"①

我国当代哲学家贺麟先生说，"哲学家贵高明。"哲学家的"高明"之处，在于他追究生活信念的前提，探索各种知识的根据，反思历史进步的标准，审讯评价真善美的尺度。哲学反对人们对流行的思维方式、生活态度、科学概念、逻辑规则采取现成接受的态度，反对人们躺在无人质疑的温床上睡大觉。"向前提挑战"，这是哲学家的"爱智"，也是哲学家的"高明"。镌刻在人类

———————
① 麦基编：《思想家——当代哲学的创造者们》，三联书店1987年版，第4页。

思想史上的苏格拉底式的机智，亚里士多德式的渊博，笛卡儿式的怀疑，康德式的批判，黑格尔式的深刻，尼采式的苦痛，弗雷格式的明晰，维特根斯坦式的锐利，卡西尔式的通达，海德格尔式的深沉，哪一个不是在执着的自我反思中对常识、科学和哲学的前提挑战？哪一个不是在睿智的前提批判中表达出各自时代的人类对自己的生存状况、焦虑与期待的自我意识？正是这种"前提批判"的逻辑力量，实现了哲学推进人类文明的历史作用。

哲学的逻辑力量，还是一种人类思想构建自己、否定自己和发展自己的力量。古希腊哲人苏格拉底、柏拉图和亚里士多德，曾经分别地探寻概念的定义、类概念的意义和思维的形式逻辑。培根、笛卡儿以来的近代哲人则以人类理性自我反省的方式去开拓施展理论力量的广阔道路。在康德、费希特、谢林和黑格尔的德国古典哲学中，则以批判地反省形式逻辑的"同一律"为出发点，深化和发展了笛卡儿所开创的"内含逻辑"，并在黑格尔的哲学中，形成了人类思想运动的逻辑——概念发展的辩证法。

在《黑格尔〈逻辑学〉一书摘要》中，列宁曾经做过这样的对比："在旧逻辑中，没有过渡，没有发展（概念的和思维的），没有各部分之间的'内在的必然的联系'，也没有某些部分向另一些部分的'过渡'"①；而"黑格尔则要求这样的逻辑：其中形式是富有内容的形式，是活生生的实在的内容的形式，是和内容不可分离地联系着的形式"②。因此，列宁非常重视黑格尔关于"只有沿着这条自己构成自己的道路……哲学才能成为客观的、论证的科学"的看法，提出"'自己构成自己的道路'＝真正的认识的、不断认识的、从不知到知的运动的道路（据我看来，这就是关键所在）"③。

概念自我运动、自我发展、"自己构成自己"的根据何在？就在于以人类文明为内含的概念自身的内在否定性。这种内在的否定性，在思维自己构成自己的进程中，表现为双重的否定性：一方面，思维不断地否定自己的虚无性，使自己获得越来越具体、越来越丰富的规定性，这就是思维自己建构自己的过程；另一方面，思维又不断地反思、批判、否定自己所获得的规定性，从而在更深刻的层次上重新构成自己的规定性，这又是思维自己

---

① 《列宁全集》第55卷，人民出版社1990年版，第81页。
② 同上，第77页。
③ 同上，第73页。

反思自己的过程。

思维在这种双重否定的运动中，既表现为思维规定的不断丰富，实现内容上的不断充实，又表现为思想力度的不断深化，实现逻辑上的层次跃迁。这就是人类思维运动的建构性与反思性、规定性与批判性、渐进性与飞跃性的辩证统一。

哲学所展现的人类思想运动的逻辑，在马克思的理论巨著《资本论》中获得了征服人心的逻辑力量。列宁说，马克思的《资本论》是一部把"唯物主义的逻辑、辩证法和认识论""都应用于一门科学"的"大写字母"的"逻辑"。①在这部"大写的逻辑"中，我们能够真正地感受到"由抽象上升到具体"的逻辑力量。马克思说，思维的运动遵循着相互联系的两条道路，"在第一条道路上，完整的表象蒸发为抽象的规定；在第二条道路上，抽象的规定在思维行程中导致具体的再现"②。第一条道路的任务是从纷繁复杂、光怪陆离、混沌模糊的现象中抽象出简单明确、层次清晰的抽象规定，把握住复杂事物的种种基本关系；第二条道路的任务则是把这些抽象

---

① 《列宁全集》第 55 卷，人民出版社 1990 年版，第 290 页。
② 《马克思恩格斯选集》第 2 卷，人民出版社 1995 年版，第 18 页。

规定重组为思维的整体，造成概念发展的逻辑体系，把研究对象的整体在思维规定的"多样性统一"与"许多规定的综合"中再现出来。正是得心应手地驾驭这个思维的逻辑，马克思首先是把资本主义作为"混沌的表象"予以科学地"蒸发"，抽象出它的各个侧面、各个层次的"规定性"；然后又以高屋建瓴的系统思想，从全部规定性中找出最基本、最简单的规定性——包含资本主义全部矛盾"胚芽"的"商品"——将其凝结为科学范畴，确定为整个理论体系的逻辑起点；之后，再展开"商品"所蕴含的全部矛盾，循序而进，层层递进，使概念的规定性越来越丰富、越来越具体，直至达到资本主义"在思维具体中的再现"。这就是人们所看到的《资本论》的一、二、三卷：资本的直接生产过程；资本的流通过程；资本生产的总过程，即资本的生产过程与流通过程的统一。

现代结构主义语言学大师索绪尔（Ferdinand De Saussure，1857—1913）的《普通语言学教程》，之所以对后世产生巨大而深远的影响，不仅在于它是现代语言学的奠基之作，也不仅在于它是结构主义理论与方法的典范之作，而且在于它具有撞击人的理论思维的强烈的逻辑之美。在这部著作中，我们同样可以看到"由抽象到具体"的成对范畴的自我展开：语言与言语，共时性与历时性，结构性与事件性，静态性与动态性，潜在性与现实性，能指与所指，聚类与组合，约定性与任意性……科学理论的简单性与和谐性，科学理论的结构美与描述美，在这部语言学著作中都得到了充分的展现。

哲学的逻辑力量，从根本上说，是取决于它的彻底性程度。这正如马克思所说："批判的武器当然不能代替武器的批判，物质力量只能用物质力量来摧毁；但是理论一经掌握群众，也会变成物质力量。理论只要说服人，就能掌握群众；而理论只要彻底，就能说服人。所谓彻底，就是抓住事物的根本。但是人的根本就是人本身。"①

哲学是关于人类存在的自我意识的理论，或者说，哲学是理论形态的人类自我意识。任何一种哲学理论，都表征着人类关于自身存在的自我意识，都表达着哲学家对人的存在及其与世界相互关系的理解。然而，整个传统哲学总是离开"现实的人及其历史发展"，去论证思维和存在的关系问题，因此，总是以这种方式或那种方式把"人"抽象化。这样的哲学理论，当然无法形成理论

---

① 《马克思恩格斯选集》第 1 卷，人民出版社 1995 年版，第 9 页。

的"彻底性",因而也不可能形成真正巨大的"说服人"的逻辑力量。马克思主义哲学的理论力量,从根本上说,就在于它从"现实的人及其历史发展"出发,以自己的概念发展体系展现的人与世界之间的关系,并从而揭示和论证了人类争取自身解放的道路。

哲学理论的逻辑感,是以概念发展的有机组织实现的,这正如黑格尔所说,哲学的理论体系应该是"全体的自由性"与"各个环节的必然性"的统一,而不能是所谓的"散漫的整体性"。在许多体系化的哲学中,我们经常看到的是,概念、范畴、原理的简单罗列或任意拼凑,而缺少内在的"逻辑"。从形式上看,这些"体系"有章、有节、有目,有纵、有横、有合,方方面面,林林总总,似乎完整无缺;从内容上看,这些"体系"的概念、范畴和原理却缺乏内在的有机联系,缺乏由浅到深的概念发展,缺乏撞击人的理论思维的逻辑力量。只有超越这种"散漫的整体性",实现以"各个环节的必然性"为基础的"全体的自由性",才有哲学理论的巨大的逻辑感和征服人心的逻辑力量。

四、思想的开放性：博大的境界感

人们经常说，哲学是一门寻根究底、追本溯源的学问。这种永无止境的求索，这种思想的永远的开放性，构成了哲学的博大的境界感。

哲学思想的开放性，首先是由哲学思维的反思性质所决定的，并突出地表现为哲学的反思过程。哲学是人类思想的反思的维度，它不是具体地去实现思维和存在的统一，而是把常识、科学、艺术等所实现的思维与存在相统一的认识成果，作为再思想、再认识的对象。不仅如此，作为前提批判的哲学反思，它总是不断地追究思想构成自己的诸种前提，批判地反思蕴含在思想之中的思维方式、价值观念和审美意识等。这种指向思想前提的批判是无尽无休的，因而哲学思想自身是无限开放的。例如，哲学对"一"的寻求，就是对"前提"的无限的追问：古代哲学所寻求的是"万物的统一性"；近代哲学则认为，离开思维对存在的关系而直接断言"万物的统一性"，是一种哲学的"独断论"，必须以"意识的统一性"问题为前提，才能回答"世界的统一性"问题；现代哲学则认为，无论是追究"万物的统一性"，还是寻求"意识的统一性"，都没有找到思维和存在统一的中介，因而整个传统哲学对"一"的寻求都是抽象的，必须从思维和存在统一的基础（实践）或思维和存在统一的中介（语言）出发，才能深切地理解和把握哲学所寻求的"一"。

哲学思想的开放性，又是由哲学理论的理想性决定的。人类的实践活动具有无限的指向性。人类总是不满足于现实的存在，而力图把现实变为更加理想的现实。基于人类实践本性的哲学思维，总是竭力在最深刻的层次上或最彻底的意义上把握世界、解释世界和确认人在世界中的地位与价值。因此，哲学总是寻求"天人合一""知行合一""情景合一"的理想境界，总是试图"为天地立心，为生民立命"，总是渴求自己成为人类的"安身立命之本"。正是这种永无止境的理想性追求，使得哲学思想具有无限的开放性，并使哲学获得了最为博大的境界感。

哲学思想的开放性，与哲学自身的特性和功能是密切相关的。关于哲学，恩格斯曾经强调它的培养和训练人的理论思维的功能。恩格斯说，理论思维作为一种"天赋的能力",是"必须加以发展和锻炼"的,"而为了进行这种培养,除了学习以往的哲学,直到现在还没有别的办法"。① 这是因为,哲学本身是"一种建立在通晓思维的历史和成就的基础上的理论思维"。哲学的本性与功能表明,每个时代的哲学都必须具有双向的开放性:既向整个的哲学史开放,以使自己"通晓思维的历史和成就";又向哲学的未来开放,以使自己获得新的理论内容和理论形式。

关于哲学的特性与功能,我国当代哲学家贺麟先生提出:"尤其我们须知,哲学重在思想的训练和理智的活动,重研究、怀疑、讨论、辩难、探求思索的过程,而不一定重在问题的根本解决和所得的结果。犹如我们习体操,或爬山旅行,我们重在体育活动的过程和身体的锻炼,而不重实际的收获和问题的解决。在这意义下,哲学也是只问耕耘(思想研究)不问收获(得出结论、结果)的。哲学家只是'爱智者',追求真理的人,而不是'智者',自命已经有了智慧、得到真理的人。"② 与此同时,贺麟先生还告诫说,如果一个哲学家自命有了

① 参见《马克思恩格斯选集》第 4 卷,人民出版社 1995 年版,第 284 页。
② 贺麟:《文化与人生》,商务印书馆 1988 年版,第 275 页。

"定论"，则他便会"陷于独断而不虚怀求进益"。他举例说，"汉武帝认孔子的学说为定论，尊崇儒术，罢黜百家，其妨害思想自由，学术进步和政治民主的恶影响，真是难于计量。西洋在中世纪，教会方面认亚里士多德的学说为定论，违反亚氏思想的人，有被迫害、被处死的危险，其对思想自由、学术进步和政治民主妨害更大。"① 贺麟先生说，他之所以强调"哲学无定论""目的在注重哲学的自由和创新方面。并不是说哲学里纷乱如麻，使人无所适从。更不是说，学哲学的人，可以信口开河，胡言乱语，漫无是非真伪标准。哲学有其神圣的使命、完整的领域、森严的律令、谨严的方法，亦有其公认的标准和典型的权威。这种种特点都是使得哲学成为一专门学问的条件。说哲学上没有定论可言，说哲学上任何定论都可以批评反对更可，但说整个哲学史只是庞杂的思想的记载，漫无头绪却不可。因为如果加以贯通的整理，我们就可看出哲学史上的派别和论辩，皆是脉络分别，源流清楚。如众山之有主峰，如众流之汇归于海，使人感觉到哲学上派别之多，思想之杂，而仍

---

① 贺麟：《文化与人生》，商务印书馆 1988 年版，第 275 页。

不违背于'道一而已''真理只有一个'的根本原则"①。

哲学思想的开放性，更深层地源于哲学自身发展的逻辑——哲学的自我追问、自我批判和自我超越。哲学的最为显著的特征，就在于人们"对于它的本质，对于它应该完成和能够完成的任务，有许多大不相同的看法"②，因而哲学总是不断地进行自我追问：哲学究竟是什么？有的学者提出，在哲学研究中，人们首先要回答的是哲学的元问题，即"什么是哲学"的问题；而一旦回答了这个问题，人们也就从抽象的、单一的哲学中"下降到某种具体类型的哲学中"；哲学家们正是通过对"什么是哲学"这个元问题的解答，"自觉地或不自觉地创立了某种类型的哲学或使自己的思想从属于某种类型的哲学"。③

在哲学家关于"什么是哲学"的追问中，历史地构成了各种"类型"的哲学；历史上的每一种"类型"的哲学，又在新的哲学自我追问中，遭到无情的批判，从

① 贺麟：《文化与人生》，商务印书馆 1988 年版，第 276 页。
② 参见黑格尔：《哲学史讲演录》第 1 卷，商务印书馆 1959 年版，第 5 页。
③ 参见俞吾金：《关于哲学基本问题的再认识》，《北京大学学报》1997 年第 2 期。

而实现了哲学思想的历史性的自我超越。这就是哲学思想的无限的开放性，这也是由哲学思想的开放性所构成的哲学的博大的境界感。

哲学思维的训练

学习和研究哲学的过程，是培养和训练哲学思维的过程。通过哲学思维的培养与训练，会使人们形成哲学的求真态度，哲学的反思取向，哲学的批判精神，哲学的创新意识，哲学的分析方式，哲学的渗透能力和哲学的辩证智慧。

一、哲学的求真态度

哲学要"以学术培养品格"和"以真理指导行为"，首要的就是一种求真的态度，即真实的研究，真诚的探索和真切的思考。

哲学的求真，是以"三个面向"为基础的。这就是：面向"本文"，面向"现实"，面向"自我"，在"三个面向"的聚焦点上进行真实的研究、真诚的探索和真切的思考。

一是"面向本文"。哲学理论，是经由哲学家思维着的头脑所创建的关于人与世界相互关系的概念逻辑体系。每种哲学理论，都凝聚着哲学家所捕捉到的该时代人类对人与世界相互关系的自我意识，都贯穿着哲学家用以观察和说明人与世界相互关系的基本立足点和出发点，都体现着哲学家用以解决全部哲学问题，建构哲学范畴体系的独特的解释原则和方法论，都在不同的程度上或不同的水平上或不同的侧面上体现着该时代的时代精神。离开古今中外的哲学家所提供的汗牛充栋的哲学"本文"，仅凭个人的"思辨"或"体悟"去苦思冥想，是不可能形成"建立在通晓思维的历史和成就的基础上的理论思维"的。

关于哲学"本文"的重要性，我们有必要体会一下恩格斯曾经做过的一段评论。恩格斯说，由于"对哲学史的不熟悉"，"哲学上在几百年前就已经提出，并且在哲学界中往往早已被抛弃的一些命题，在理论自然研究家那里却常常作为崭新的知识而出现，甚至在一段时间里成为时髦"。① 恩格斯所批评的这种情况，真可以说比

---

① 《马克思恩格斯选集》第4卷，人民出版社1995年版，第285页。

比皆是。由于缺乏面向"本文"的长期努力，许多人苦思冥想出来的"哲学创见"，恰恰是"早已在哲学上被废弃了的命题"。

在阅读"本文"的过程中，人们会发现，对于同一"本文"，会产生迥然有别甚至是截然相反的理解。这是因为，不仅"观察渗透理论"，而且"阅读"也是"渗透理论"的。人们并不是以"空白"的头脑去接受"本文"，而是以已经占有的理论去理解和解释"本文"，因而人们会对"本文"作出不同的理解和解释。

对于哲学"本文"的不同理解和解释，最为直接的是取决于阅读者的"通晓思维的历史和成就"的程度或水平。阅读者的"背景知识"越宽厚，"参照系统"越丰富，他对"本文"的理解就越全面、越深刻。反之，则会偏狭地或浅薄地对待哲学"本文"。这恰好表明，哲学的求真态度，首先必须是认认真真地、踏踏实实地"面向本文"。

二是"面向现实"。哲学是"思想中的时代"，是"时代精神的精华"。任何真正的哲学理论，总是以理论的方式表征着自己的时代，因而也必须首先以理论的方式去面向现实。

以理论的方式面向现实，这既是强调哲学必须面向现实，又是强调哲学必须用自己的方式——理论的方式——去面向现实。这二者是不可分割的。由于人们常常以两极对立的思维方式去理解哲学与现实的关系，所以在哲学"面向现实"的问题上，常常陷入两种"误区"：一是把"哲学"当作某种不变的"原理"和抽象的"教条"，以教条主义的方式去"应用"哲学，即用既定的理论模式去回答和解决各种现实问题；二是把"现实"中的某些具体问题（而不是具有时代意义的问题）作为哲学研究的出发点，使哲学思考沉湎在琐屑细小的各种事件的纠缠之中。由此所造成的后果是严重的。许多人苦于哲学理论无法直接地、具体地解决各种现实问题，因而或者放弃哲学面对现实的责任而去追求所谓的"纯学术"，或者放弃对哲学的理论研究而去搞哲学的"对号入座"。

哲学所面向的现实，是时代的现实，是每个时代的人类关于自身存在的自我意识。然而，只要我们面对这样的现实，就会发现，每个时代都存在着极为错综复杂的各种各样的矛盾的现象与趋势，每个时代的人类自我意识也都处于纷繁复杂的矛盾状态，每个时代的是非、利害、福祸、毁誉、荣辱、进退，总是纷至沓来，扑朔迷离。这就要求面向现实的哲学，既要具有深厚的历史感，又要同现实保持"间距"。

具有理论力量的哲学，总是形成于两个基本向度的统一，即"向上的兼容性"与"时代的容涵性"。"向上的兼容性"，是以巨大的历史尺度和恢宏的历史内容去观照哲学所面向的现实；"时代的容涵性"，则是以敏锐的洞察力审度时代的种种矛盾，理论地再现时代的本质及其发展趋势。哲学的历史感规范着自己在何种程度上洞察到现实的本质和趋势，哲学的现实感则规范着自己在何种程度上实现自己。哲学的历史感由于其现实感而获得把握和表征时代的意义，哲学的现实感则由于其历史感而获得把握和表征时代的力度。离开历史感的所谓现实感，只能是一种外在的、浅薄的、时髦的赝品，同样地，离开现实感的所谓历史感，也只能是一种烦琐的、经院的、教条的说教，它只能作为学究式的自我欣赏，也不能构成"思想中的时代"和"时代精神的精华"。

三是"面向自我"。哲学是人类自我意识的时代水平的理论表达，即以理论形态所表达的人类关于自身存在的自我意识。任何真正的创造性的哲学理论，都是哲学家在"通晓思维的历史和成就"的基础上，以其独特的心灵体验、独立的反思意识和独到的理论解释，去表达自己时代的人类的自我意识，去建构"思想中所把握到的时代"，为人类揭示新的理想境界和展现新的可能世界，也就是塑造和引导新的时代精神。这表明，哲学创造与哲学家的自我实现是融为一体的，创造哲学的哲学家必须具有炽烈而执着的主体自我意识。

阅读哲学"本文"，人们会深切地感受到，哲学理论从来不是一种冷冰冰的逻辑，而是熔铸着哲学家的理想、信念和情操，并表现为特定的思维方式、价值观念和审美情趣。在马克思主义哲学中，熔铸着它的创始人及其后继者的崇高理想、坚定信念和深厚教养，因而具有一种气势恢宏、博大精深、睿智通达的理论境界。哲学，是以时代性的内容、民族性的形式和个体性的风格去求索人类性的问题；没有个性的哲学，既不会有理论的独创性，也不会有理论的征服力量。

在相当长的时期里，由于把通行的哲学教科书当作唯一的"哲学原理"，以致研究哲学的人不是以展示新的世界和提示新的理想为己任，而是以既定理论的解释者和"客观真理"的占有者自居；不是把哲学研究理解为以自我实现的形式去表征当代人类的自我意识，而是把哲学研究视为丢弃自我并宣示与我无关的"客观真理"的过程。哲学研究者丢弃了自我的独特的心灵体验、独立的反思意识和独到的理论解释，就丢弃了哲学的炽烈的"爱智"精神，当然也就无法形成具有创造性的哲学理论。

由于哲学的研究与教学丢弃了"自我"，这样的"研究成果"和教学内容也就失去了激动人心和征服人心的理论魅力，并造成了哲学理论课教学中的"板""散""浅"。"板"，就是把理论当作现成的结论，板起面孔，以宣示"客观真理"的姿态去解说"教科书"的内容；"散"，就是把理论当作枯燥的条文，归纳概括，以"原理加实例"的方式去讲解哲学；"浅"，就是把理论当作进行说教的材料，回避理论自身的难点和现实向理论提出的问题、照本宣科地讲授理论。

这种"无我"的哲学，既不能激发人们的理论兴趣，更不能撞击人们的理论思维。而"有我"的哲学，则必须进行艰难的哲学探索。它是哲学家的"爱智之忧"的结果。它熔铸着哲学家对人类的存在状况、焦虑和期待的真切的感受、体验、领悟和反思，而绝不是个人的空疏虚幻的玄想和聪明智巧的卖弄。它需要的是呕心沥血的思考和愈挫愈奋的探索，而不是追赶时尚的炫耀和随波逐流的赝品。

在题为《探索的动机》的演讲中，科学巨匠爱因斯坦（Albert Einstein，1879—1955）曾把科学研究的人分为三类：第一种人是为了娱乐，也就是为了精神上的快感，显示自己的智力和才能。他们对科学的爱好，就像运动员喜欢表现自己的技艺一样；第二种人是为达到纯粹功利的目的，也就是为了使个人的生活得到某种改善。他们对科学的研究，只不过是一种谋生的手段；第三种人则是渴望用最适当的方式画出一个简化的、容易理解的世界图景，揭示宇宙的奥秘，解答各种世界之谜。他们的科学探索，既不是显示个人的智力和才能，也不是为了纯粹的功利目的，而是一种"抑制不住的渴望"。①作为"真有见者"的哲学家，他的"抑制不住的渴望"，是对人类的生存与发展的趋势的关切与思考。因此，哲学家的主体自我意识，主要包括两方面：一是哲学家作为社会的自我意识所具有的对现实和理论进行否定性思维的忧患意识和对象批判意识；二是哲学家作为个人的

---

① 参见《爱因斯坦文集》第 1 卷，商务印书馆 1994 年版，第 100—101 页。

自我意识所具有的对个人占有的理论进行否定性思维的创新意识和自我批判意识。正是这种强烈的主体自我意识，促使哲学家百折不挠地以其创造性的哲学思考去塑造和引导新的时代精神。

创造哲学需要炽烈而执着的主体自我意识，学习和研究哲学同样需要这样的主体自我意识。只有"面向自我"，才能深切地理解"本文"和"现实"，才能在自我的独立反思中激发浓厚的理论兴趣，才能在自我的独立反思中撞击自己的理论思维，不断地提高自己的理论思维能力和提升自己的哲学理论境界。

二、哲学的反思取向

学习和研究哲学，并不是一般地"面向本文""面向现实"和"面向自我"，而是在自觉的反思取向中实现这种"三面向"。因此，只有培养和训练自觉的反思取向，才能从"三面向"中提高理论思维能力和提升哲学理论境界。

哲学的反思取向，就是自觉地从反思的维度去看待全部哲学问题。例如，在哲学与常识和科学的关系中，哲学不是常识的变形，也不是科学的延伸，而是对常识和科学的超越。哲学的超越，就是向常识和科学的"前提"不断地提出挑战。常识和科学，为人类提供各种"是什么"的知识和各种"怎么办"的行为规范。哲学的反思取向，就是对常识和科学据以形成其"是什么"和"怎么办"的前提提出质疑和挑战。因此，培养和训练哲学的反思取向，从根本上说，就是锻炼追究"前提"和批判"前提"的能力。

哲学的追究和批判"前提"的反思取向，首先是注重于对"自明性"的追究与批判。这具体地表现在对人们所"熟知"的各种最基本的概念的意义的追问。黑格尔说："哲学的特点，就在于研究一般人平时所自以为很熟悉的东西。一般人在日常生活中，不知不觉间曾经运用并应用来帮助他生活的东西，恰好就是他所不真知的，如果他没有哲学的修养的话。"① 例如，学习和研究哲学的人，都需要追问"哲学是什么"。在这种追问中，我们就会发现，通行的关于"哲学"的基本理解，都是以区分"哲学"与"科学"的"普遍性"程度为前提的，即"哲学"是以"整个世界"为对象，并以"最普遍规律"

① 黑格尔：《哲学史讲演录》第 1 卷，商务印书馆 1959 年版，第 25 页。

为理论内容；而"科学"则以"具体领域"为对象，并以"特殊规律"为理论内容。由此我们就可以对这个"前提"本身进行追问：以"普遍性"程度来区分"哲学"与"科学"，哲学是否就成了具有最大普遍性的"科学"？如果是这样，哲学与科学是否还是人类把握世界的两种不同的"基本方式"？"哲学"还有什么独立存在的根据？进一步看，如果承认人类是以包括科学、艺术、伦理、宗教和哲学等不同的"基本方式"把握世界，那么，能否仅仅从哲学与科学的二者关系中去规定哲学？在对基本概念的反思中，不仅能够获得对概念的新的理解，而且能够培养和训练人的哲学反思的能力。

哲学的追究和批判"前提"的反思取向，还要注重于对基本理论的追究与反省。例如，在关于"哲学的思维方式"的论述中，我们曾经专门的分析过"哲学基本问题"。针对关于哲学基本问题的通常解释，我们以恩格斯的论述为基础，追究和反省了一系列问题：为什么"思维和存在的关系问题"是"哲学的基本问题"？哲学是把"思维"和"存在"作为自己的研究对象，还是专门研究"思维和存在"的"关系问题"？能否简单地把"思维和存在的关系问题"归结为"精神和物质的关系问题"？恩格斯为什么特别强调"思维和存在的关系问题"
只是在近代才被"明确地提了出来"并使之获得了"完
全的意义"？为什么恩格斯说"唯物主义"和"唯心主
义"这两个概念只能在"精神"和"自然界"谁为"本
原"的意义上使用，否则就会造成思想的"混乱"？我们
应当怎样在当代的水平上重新理解和阐述"哲学基本问
题"？在对关于"哲学基本问题"的通常解释的追究与反
省中，我们就会展开对唯物主义与唯心主义、经验论与
唯理论、科学主义与人本主义、理性主义与非理性主义
等各种哲学问题的系统性的前提批判。

　　哲学的追究和批判"前提"的反思取向，还要注重
于对哲学所表征的"时代精神"的追究与反省。任何时
代的"时代精神"，主要地都表现为三种基本的存在方
式：一是人类把握世界的各种方式所创造的具有时代内
含的人的生活世界的意义，二是各个时代的普遍性的关
于人的生活世界的意义的个体自我意识，三是各个时代
的理论形态的关于人的生活世界的意义的社会自我意识。
这里所说的"时代精神"的第三种存在方式，可以称之
为"时代精神的精华"，也就是"哲学"。由此可见，哲
学作为"时代精神的精华"，它形成于对"时代精神"

的前两种存在方式的追究与反省。

人类以自己的把握世界的全部方式，去创造人自己的
"生活世界"；而这种创造活动的结晶——人的生活世界
的"意义"，却像经过三棱镜的太阳光，被分解为各种各
样的"颜色"，"意义"的"普照光"反而黯然失色了。
哲学作为"意义"的社会自我意识，作为"时代精神"
的"精华"，它的反思取向，就在于把人类以各种方式所
创造的"意义"，"聚焦"为照亮人的生活世界的"普照
光"。

哲学在反思人类以各种方式所创造的具有时代性内含
的生活世界的"意义"的同时，还要注重反思各个时代
的普遍性的关于"意义"的个体自我意识。个体性的关
于生活"意义"的自我意识，虽然在其直接性上呈现出
光怪陆离的差别性和难以捕捉的任意性，但在其深层则
烙印着"意义"的社会自我意识的普遍性和规范性。这
主要地表现在，"意义"的个体自我意识总是具有社会内
容、社会性质和社会形式。哲学的反思取向，就在于它
追究蕴含在"意义"的个体自我意识之中的这种普遍性
和规范性，使之结晶和升华为"时代精神的精华"。

三、哲学的批判精神

哲学在本质上是批判的。学习和研究哲学的过程，是形成哲学的批判精神的过程，也是运用哲学进行批判的过程。

哲学是人类思想的反思的维度。哲学的反思特性决定了它的批判本质和批判精神，即反思要求批判地揭示和对待人类已经形成的全部思想，以及蕴含在这些思想之中的各种各样的"前提"。德国古典哲学的奠基人康德，把他的三部哲学巨著分别称之为《纯粹理性批判》《实践理性批判》和《判断力批判》，可以说是恰当地体现了以哲学反思为根据的哲学的批判本质和批判精神。

哲学的批判精神，是一种"清理地基"的渴望与要求。人类文化的各种样式，都有构成其自身的根据，也有评价其自身的标准，还有规范其自身的尺度。各样文化样式构成其自身的根据、标准和尺度，可以说是各种文化"大厦"得以构建的"地基"。哲学的批判，就是批判地反思这些作为"地基"的根据、标准和尺度，进行"清理地基"的工作。这种"地基"的"清理"工作是无尽无休的。这是因为，"辩证法在对现存事物的肯定的理解中同时包含对现存事物的否定的理解，即对现存事物的必然灭亡的理解；辩证法对每一种既成的形式都是从不断的运动中，因而也是从它的暂时性方面去理解；辩证法不崇拜任何东西，按其本质来说，它是批判的和革命的"①。它要在这种无穷无尽的"清理地基"的工作中，使人类文明奠定在更为坚实的基础之上。

哲学的批判精神，是一种"发现问题"和"提出问题"的精神。这种精神，对于促进哲学的发展是至关重要的。

贺麟先生说，他把哲学家分为两类："一类是善于发问题的哲学家，一类是善于答问题的哲学家。发问题的哲学家，喜欢批评、怀疑，反对旧传统，提出新问题、新方法，指出新方向，大都是开风气、创学派的哲学家。西洋哲学史上的苏格拉底、笛卡儿、洛克、休谟都可说是属于此类。我们虽不能说他们在哲学思想上没有得到肯定的结论，然而他们的思想特富于暗示性、启发性，有待后人的讨论、补充、发挥、解释处特多。答问题的哲学家，大都善于综合融汇，折中各派而求其至当，集

---

① 《马克思恩格斯选集》第 2 卷，人民出版社 1995 年版，第 112 页。

各派的大成而创立博大的体系，使人有百川归海，叹为观止到顶点之感。如亚里士多德可说是答复苏格拉底、柏拉图的问题的哲学家，斯宾诺莎是答复笛卡儿的问题的哲学家，黑格尔是答复康德的问题的哲学家，唯有康德的地位比较特殊：他一方面答复休谟的问题，一方面又提出新问题给费希特、黑格尔等人来答复。发问题的哲学家注重怀疑批评，自身就不愿意执着什么定论。答问题的哲学家好像是有了定论，但亦大都只承认折中众说，集其大成，而不敢以独创独断自居。总之，在哲学领域内，不论有无定论，都是富于自由空气的。"①

还有的学者也提出，"哲学作为人类文化的最核心的部分拥有巨大的精神力量：一方面，通过对某种确定性的追求，哲学能构建成严谨的思想体系，对人类的精神生活产生巨大的影响；另一方面，哲学又能通过批判、怀疑和反思的方式，使以前建构起来的、已经统治人类思想很久的哲学体系乃至整个文化传统处于解体之中"，"就当前的哲学研究说来，我们更应该关注的是哲学的解构功能，因为我们正处在一个急剧转型的社会中，需要对传统的哲学观念和以走马灯的方式涌进来的

---

① 贺麟：《文化与人生》，商务印书馆 1988 年版，第 275—276 页。

形形色色的哲学思潮进行认真的反思、批评和清理。不
做好这方面的工作，当代中国哲学的建设就是一句空
话"①。

哲学的批判精神，是一种"带有敬意的批判"。哲学
史上的任何有价值的哲学理论，都可以说是一种"合法
的偏见"——它既有历史的合理性，又具有内在的否定
性。任何一种真正需要批判的哲学，都是具有某种哲学
史地位的哲学。莫尔顿·怀特在《分析的时代》一开头
就提出，几乎 20 世纪的每一种重要的哲学运动都是以批
判黑格尔哲学开始的，而这正是对黑格尔"加以特别显
著的颂扬"，因为他不仅影响了"当今世界最盛行的三大
哲学"的创始人，而且还支配了各种"技术哲学运动"
的奠基人。② 哲学是人类的艰难而曲折的自我认识的历
史。每个时代的哲学的永恒魅力，并不在于它为人类的
知识宝库增添了多少财富，而在于它适应历史的发展和
时代的要求，以敏锐的洞察力发现人类存在和人类理性
面对的巨大困难，以深刻的哲学批判去寻求新的思维方
式和价值观念，为人类提供自己时代的"安身立命之本"

① 俞吾金:《哲学史：绝对主义与相对主义互动的历史》，载《新华文摘》1997
年第 3 期。
② 参见 M. 怀特:《分析的时代》，商务印书馆 1981 年版，第 7 页。

或"最高的支撑点",并为人类的进一步发展提示新的道路。因此,对于以往的哲学,既要揭示它的内在矛盾而予以深刻的批判,同时,又要充分理解它的历史合理性而予以"带有敬意的批判"。

四、哲学的创新意识

哲学是经由哲学家思维着的头脑所创造出来的理论。没有创造性的哲学家,就没有创新的哲学。

哲学创造,从根本上说,就是哲学家从新的视角、以新的方式、用新的综合为人类展现新的世界,提示新的理想。因此,哲学创造内含着以否定性的思维去对待人类的现实,揭示现实所蕴含的多种可能性;以否定性的思维去检讨各种理论的前提,揭示理论前提的多种可能性;在现实与理论多种可能性的某种交错点上,揭示人与世界之间的新的意义,提示可供人们反省和选择的新的理想。

理论同历史一样,都是以片面性的形式而实现自身发展的,都不可避免地具有时代的局限性。任何理论又都是经由理论家的头脑所创造出来,因而又不可避免地具有理论家自身的局限性。因此，评价一种理论，并不在于它是否具有"片面性""局限性"，而在于它是否具有独创性、深刻性和启发性。如果把哲学理论设想成毫无片面性和局限性的绝对真理，并以"绝对真理"的全面性去裁判富于独创性的各种假说，一切假说（特别是作为反思理论的哲学假说）都只能是被扼杀于摇篮之中。

包括哲学在内的任何理论的发展，都表现为理论体系的建构——解构——重构的否定之否定的过程，也就是理论的自我否定和自我重建的双重化过程。其中，否定性的"解构"是重构理论体系的必要前提和中介环节。哲学发展史表明，哲学理论体系的重构的水平，直接地取决于理论自我否定的解构的水平。

哲学理论体系的重建，并不是外在的"体系"的重新构造，而是哲学理论本身的变革与创新，是哲学理论在自身的变革与创新中形成新的概念体系。人们之所以对许多"体系化"的"理论建设"表示反感和厌倦，从根本上说，就是因为这种"建设"失去了理论自身的变革与创新，只是"为体系而体系"。因此，发展哲学，绝不是堆积木式地构建"体系"，而要注重于哲学理论自身的变革与创新。

　　哲学的理论创新，源于对人类把握世界各方式的超越性综合。人类以科学的方式去探索世界之真（为何如此），以伦理的方式去反省世界之善（应当怎样），以艺术的方式去体验世界之美（是与应当的融合），以宗教的方式去追寻世界之永恒（超自然的或彼岸的真善美的存在），以实践的方式让世界满足自己的需要（把世界变成对人来说是真善美相统一的现实）。科学、伦理、艺术、宗教和实践，它们作为人类把握世界的基本方式，在人类自身的历史发展中是相互渗透、相互融合的，而不是孤立自在、彼此绝缘的。知、情、意融会一体，真、善、美相互依存。因此，人类不仅追求"天人合一"的真，"知行合一"的善，"情景合一"的美，而且始终追求真善美的统一，渴望达到对人的存在方式的统一性把握，从而为人类的全部思想和行为提供自己时代水平的最高的支撑点，即人类的安身立命之本。哲学，它作为人类把握世界的一种基本方式，其独立存在的根据和价值，就在于它是对其他方式的超越性综合。

　　它考察人类把握世界的诸种方式相互制约和相互渗透的总体效应，探索这些方式彼此过渡和彼此融合的总体机制，反省这些方式理解世界和描述世界的总体结果，从而形成对人的存在方式及其与世界关系的总体观念。

每个时代的哲学总体观念，都集宗教的信仰功能、艺术的陶冶功能、伦理的规范功能和科学的认知功能于一身，从而为人类的理论思维、价值观念、审美意识和实践活动提供一种总体的、根本的支撑作用和导向作用。正因如此，哲学才是黑格尔所说的"思想中的时代"，或马克思所说的"自己时代精神的精华"。

哲学的综合，是"超越性"的综合，而并非是通常所说的对各门科学的"概括和总结"。在那样的解说中，不仅排斥了哲学对人类把握世界诸种方式（宗教、艺术、伦理、实践等）的多向关系，把哲学仅仅归结为对科学、特别是自然科学的单向关系；更为重要的是，它把哲学的综合视为一种"汇集""提升"或"转化"，即把科学范畴变成某种具有"普适性"的范畴。这样，它就取消了哲学的"超越性"，所达到的也就不是哲学的"综合"。

哲学综合的超越性，本质上是它的批判性。对哲学来说，人类把握世界的诸种方式及其历史成果，从来都不是现成接受的"概括和总结"的对象，而永远是批判反思的对象。哲学是人类所特有的批判性追问的自我意识。

它追究生活信念的准则，探寻经验常识的根据，讯问真善美的标准，反思理论思维的前提。它反对人们对流行的思维方式、时髦的价值观念、既定的科学理论等采取现成接受的态度，反对人们躺在无人质疑的温床上睡大觉，反对人们在思想观念和现实行为中采取非批判的传统性态度。它要求人们对认识进行再认识、对思想进行再思想，要求人们在对事物的肯定理解中同时包含对它的否定的理解，要求人们以更高的合理性、目的性和理想性去反观自己的现实。

人是现实的存在，又是超越现实的存在。哲学作为人类把握世界的一种基本方式，它的批判性，本质上是以某种超越现实的理想性承诺去审度和引导人的现实，即把人的现实变成人所要求的理想的现实。因此，哲学批判并不是对科学理论、艺术作品、伦理规范、宗教信仰、实践行为作出某种最终的裁决，并不是把自己的某种理论模式当作终极真理而赐给人类。恰恰相反，它是通过自己的批判性反思而激发人类不断地进行自我反省，向人类已经获得的全部假定的确定性不断地提出新的挑战，并把这种批判意识逐步变成全人类自觉的自我意识。所以，哲学批判从来都不只是指向科学、艺术、伦理、宗教和实践，而且总是指向自己的。哲学通过自我批判而实现人类在致知取向、价值取向、审美取向和整个实践取向上的变革，即实现人类的存在方式及其与世界关系的自我更新。在这个意义上，哲学作为时代精神的精华，它就不仅仅是反映和表达时代精神，更重要的是塑造和引导时代精神。

哲学批判绝不是徒然的否定，而是创造性的建构。它以批判性的反思综合人类把握世界的诸种方式及其历史成果，在这些方式及其成果的相互观照和相互理解中，展现它们各自的片面性和狭隘性，显现它们各自的保守性和暂时性，从而暴露它们的内在矛盾，使之处于自我反省的紧张状态。因此，哲学的超越性综合与批判性反思，本质上是从新的视角、以新的方法为人类展现新的世界，提示新的可能。这就是哲学的启发性和引导性功能。

哲学在自身的发展过程中，不断地在自己时代的水平上创造性地综合和批判性地反思人类把握世界的诸种方式及其历史成果，从而使自己容涵着巨大的"世界历史内容"，成为一种恩格斯所说的"建立在通晓思维的历史和成就的基础上的理论思维"。

五、哲学的分析方式

哲学的批判性的反思和理想性的创新，既不是空疏虚幻的玄想，也不是聪明智巧的卖弄，而是呕心沥血的思考和愈挫愈奋的探索。在哲学的思考和探索中，"分析"是必不可少的重要方式。

哲学的批判性的反思，是把既定的"思想"作为再思想、再认识的对象，通过对思想据以形成自己的"前提"的批判，变革人们的思维方式、价值观念和审美意识。在这种寻求思想前提和批判地反思思想的诸种前提的过程中，需要具体的、细腻的、深切的哲学分析。

关于哲学的分析方式，贺麟先生曾经做过这样的论述："哲学虽贵高明，但伟大的哲学家亦有其丝毫不苟、些许不差、枝枝相对、叶叶相当的谨严的系统，其精明的所在，虽与科学的数量或实验的结果，容或有不同处，但其慎思明辨，确切准密处，以视科学的神明，有时实只有过之无不及。不然，哲学绝不会成为须深邃的苦思力索，细密地体察理会方能真实有得的专门学问。"① 这就是说，哲学的分析，首先是一种与"高明"相互补的"精明"的精神，即"慎思明辨"的方式。冯友兰先生也提出，"如果有人叫我用一两个字说明哲学之性质及其精神，我所用之两个字，即是'思''辨'"。他具体地提出，"思"，是指人的"理智"活动；"理智"活动与"感觉"活动是相区别的。他举例说，当我们说"这是桌子"时，我们的感官只能把握"这"或"这个桌子"，而不能把握"桌子"，因为"桌子"乃是"理智"的对象。由此冯友兰先生提出，"哲学与自然科学之一不同，即在哲学专靠'思'，而自然科学则不专靠之。例如此有一桌子，物理学及化学皆可将其分析之，但其分析皆为物质的分析，其分析所得皆是具体的。但如指出此桌子有方之性质，有黄之性质等，则即对于桌子作形而上学的或逻辑的分析，其分析所得是抽象的。此等分析，不能在实验室中进行之，只能于'思'中行之。哲学对于事物之分析，皆只于'思'中行之"②。

---

① 贺麟：《彭基相著〈谈真〉序》，《哲学与哲学史论文集》，商务印书馆1990年版，第124页。
② 冯友兰：《说思辨》，载《三松堂学术文集》，北京大学出版社1984年版，第301—302页。

哲学的分析方式，突出地表现为语言分析、心理分析、逻辑分析和社会分析。哲学的语言分析，绝不是没有意义的语言游戏。恰好相反，哲学主要是通过语言分析而实现它对思想的前提批判。当代著名的美学家苏珊·朗格曾经提出"什么样的问题才是哲学问题"的问题。她的回答是："一个哲学问题必然会涉及我们所探求的事物的含义，因此，它与那些仅涉及事实的科学问题是很不相同的。在提出一个涉及事实的科学问题时，我们当然明白我们指的是什么，也就是说，我们知道我们正在说的这件事实是什么。举例说，如果有人问道：'太阳离我们这儿有多远？'我们就会作出有关这件事实的回答：'太阳离我们90亿哩'。当我们作出这样的回答时，我们自然知道'太阳''哩''离这儿多远'等词句的含义；即使我们的回答是错误的……我们仍然知道我们说的话是什么意思，因为我们运用了量度单位，并找到了自以为是符合事实的答案。但是，假如有人提出下述问题，如'什么是空间？''这儿'是什么意思？'从这儿到某地之间的"距离"的含义是什么？'等，这些问题就不能通过度量、试验值或通过其他方式发现的事实去回答。对这些问题，我们只能通过对我们所指的东西进行思考所得的结果去回答。……在绝大多数情况下我们总感到自己对这些词的含义根本就没有一个清晰的概念,甚至还时常把某些含义模糊的词相互混淆起来。在这种情况下,每当我们开始对它们进行分析的时候(即每当我们想搞清楚它们的含义时),就会发现,它们不是矛盾百出,就是荒诞离奇或毫无意义。因此,对它们进行逻辑分析是无济于事的,我们只能求助于哲学中那一最难懂然而又是最有意思的部分,即那一不能仅通过某种法则就能学会的部分——逻辑构成部分。换言之,我们必须对自己陈述的含义作出判定和解释,并由此找到一种能够解决我们想要解决的那些问题的方法。这就是说,除非我们能够赋予诸如‘距离’‘点’‘空间’‘速度’,以及其他一些为我们所熟知的然而又对此感到十分模糊的词语以某些含义,否则就谈不上什么科学。确定这样一些基本含义的工作是由哲学承当的,因此,现代科学中的哲学应当是我们时代中最为辉煌的脑力劳动之一。"[①]

作为美学家,苏珊·朗格还具体地提出:"在艺术哲学中,最为关键和最引人注目的问题,就是时常为人们

---

① 苏珊·朗格:《艺术问题》,中国社会科学出版社1983年版,第1—2页。

所争论的有关'创造'的含义的问题。我们为什么总是说艺术家'创造'了一件艺术品？画家们创造不出油彩和画布，音乐家创造不出震颤的乐音结构，诗人创造不出词语，舞蹈家也创造不出身体和身体的动态。……然而，当我们提及一件艺术品的时候，却真心实意地称它是一种'创造物'。由此便自然地引出这样一个哲学问题：'创造'这个词的意思是什么？我们究竟创造了什么？如果我们继续对这个问题探究下去，它就会引出一连串与这个问题有关的其他问题，比如，艺术家在艺术作品中创造了什么？他创造这些东西的目的是什么？这些东西又是怎样创造出来的？等等。要回答这一连串的问题，就必然会涉及艺术哲学中所有最重要的概念，如幻象或想象、表现、情感、动机、转化等。"①

如果模仿苏珊·朗格的提问方式，我们同样可以问道："发现"这个词的意思是什么？科学家在科学研究中"发现"了什么？他"发现"这些东西的目的是什么？这些东西是怎样"发现"出来的？如果我们回答说："发现"就是"认识到了"；科学家"发现"的是事物的"规律"；他"发现""规律"的目的是改造世界或造福

---

① 苏珊·朗格：《艺术问题》，中国社会科学出版社1983年版，第3—4页。

人类；他是通过观察、实验和科学抽象"发现""规律"的。那么，这就必然会引发出一系列的柏拉图式的、亚里士多德式的、笛卡儿式的、休谟式的、康德式的、黑格尔式的，乃至波普式的、库恩式的、皮亚杰式的问题：科学家发现的是"理念世界"吗？一般与个别是何关系？世界是我思的结果吗？规律是一种因果联想吗？人的认识何以可能？思维与存在是自在统一的吗？科学是猜测性的假说吗？科学发展是信念的转换吗？认识是同化与顺应的统一吗？

这表明，哲学的分析，是在对语言、心理、逻辑和社会的分析中，去追究思想构成自己的前提。"分析"是实现哲学对思想的前提批判的手段，哲学对思想的前提批判则是哲学分析的目的。

六、哲学的辩证智慧

学习和研究哲学，既不是为了背记某些现成的结论，也不是为了搬弄某些抽象的名词，而是为了形成真正的哲学智慧——辩证智慧。

哲学的辩证智慧，从根本上说，就是对"知性思维"

的超越。然而，值得深思的是，人们通常恰恰是以"知性思维"去理解和解释哲学的辩证智慧；其结果，哲学的学习并没有使人们超越"知性思维"而达到"辩证智慧"，反而是固守于"知性思维"，往往把哲学的辩证智慧变成恩格斯所批评的"在缺乏思想和实证知识的时候及时搪塞一下的词汇语录"。①

在论述"辩证法"的时候，黑格尔曾经深刻地揭示和阐述了对辩证法的种种误解。而这种种误解，都根源于人们总是习惯性地以"知性思维"去对待"辩证法"。探析黑格尔的这些论述，对于哲学思维的训练和形成哲学的辩证智慧，是十分重要的。

黑格尔提出，所谓"知性思维"，主要是孤立地看待事物的规定性，或者使各种规定性处于关系之中，"但仍然保持那个规定性的孤立有效性"。② 以这种"知性思维"去看待和对待"辩证法"，就形成了对辩证法的种种误解。应当承认，这些误解一直在阻碍人们形成哲学的辩证智慧。

以"知性思维"去看待"辩证法"，首先是导致黑格

---

① 《马克思恩格斯选集》第 2 卷，人民出版社 1995 年版，第 40 页。
② 黑格尔：《小逻辑》，商务印书馆 1980 年版，第 176 页。

尔所指出的"怀疑主义"。黑格尔说:"当辩证法原则被知性孤立地、单独地应用时,特别是当它这样地被应用来处理科学的概念时,就形成怀疑主义。怀疑主义,作为运用辩证法的结果,包含单纯的否定。"①

辩证法是"在对现存事物的肯定的理解中同时包含对现存事物的否定的理解"。②然而,在"知性思维"中,人们总是把"肯定"与"否定"割裂开来,"孤立地、单纯地"看待辩证法的"否定"。结果,辩证的否定就被曲解为"单纯的否定",从而导致了否认任何确定性的"怀疑主义"。

以"知性思维"去看待"辩证法",不仅会孤立地看待事物的规定性,而且会在貌似相互联系的"关系"中,"仍然保持那个规定性的孤立有效性"。这是对辩证法的最为普遍的误解。

辩证法的"矛盾",是"具体的同一",而不是"抽象的同一"。"抽象的同一",是排除差别和具体内容的同一,是形式的和知性的同一。在这种"抽象的同一"中,人的思维始终是"从相同转到不相同",寻找外在的

---

① 黑格尔:《小逻辑》,商务印书馆 1980 年版,第 176 页。
② 《马克思恩格斯选集》第 2 卷,人民出版社 1995 年版,第 112 页。

区别。黑格尔认为，这样的"区别"只是"杂多"，即它只是表象思维所把握到的事物现象形态的多样性，而不是对象本质自身的关系，亦即不是事物规定性的自相矛盾。与此相反，辩证法的"具体的同一"，是把握到事物的任一规定的"自相矛盾"，即事物的任一规定都既是自我规定、又是自我否定。例如，现代社会中的功利主义与理想主义，在它们的对立统一中，矛盾着的双方都是既自我规定又自我否定的，因而在对功利主义和理想主义的理解中，必须保持"必要的张力"，以达到某种"微妙的平衡"。

以"知性思维"去看待"辩证法"，往往把辩证法误解为是一种"外在的技术"。在这样的误解中，人们常常"通过主观的任性使确定的概念发生混乱，并给这些概念带来矛盾的假象。从而不以这些规定为真实，反而以这种虚妄的假象和知性的抽象概念为真实。"[①]

任何概念都是在特定的"概念框架"中形成相互规定和自我规定，并获得相互理解和自我理解。在任何特定的关系中，概念都具有特定的内含即规定性。然而，在以"知性思维"看待"辩证法"的时候，却以"主观

---

① 黑格尔：《小逻辑》，商务印书馆1980年版，第176页。

的任性"去制造概念的"矛盾的假象"。例如，人们常常不以"外延逻辑"与"内含逻辑"的区分为前提，而简单地断言形式逻辑认为"A 就是 A"，辩证法则认为"A 也是 A"。这样的解释，不能不使人对"辩证法"产生怀疑：难道太阳既是太阳又不是太阳吗？或者，月亮既是月亮又不是月亮吗？

其实，辩证法的"A 也是 A"，既不是指经验表象与对象的关系，也不是指概念的外延与对象的关系。在这两种关系中，都只能是"A 就是 A"。与此相反，辩证法作为概念的"内含逻辑"，作为人类思想运动的逻辑，它从概念的具体的（历史的）规定性中，也就是从概念的相互的（过程的）规定性中去理解概念的规定性，因此，它肯定任何概念的任何规定性都具有"内在的否定性"，并从而提出"A 也是 A"的辩证命题。例如，人对自己的理解是一个不断深化的历史过程，"人"的概念内含是不断发展的，因此，在"内含逻辑"的意义上，"人"这个概念可以说"A 也是 A"。而如果没在这种"辩证智慧"，就会以"知性的抽象概念为真实"，把"人"视为某种抽象的存在。

以"知性思维"去看待"辩证法"，又常常把"辩证法"看成是一种"主观任性的往复辩难之术"。黑格尔说："这种辩难乃出于机智，缺乏真实内容，徒以单纯的机智掩盖其内容的空疏。"① 这种把辩证法视为"往复辩难之术"的观点与做法，应该说是比比皆是的。

本来，辩证法的"形式是富有内容的形式，是活生生的实在的内容的形式，是和内容不可分离地联系着的形式"。② 然而，在"知性思维"的理解中，辩证法却变成了"缺乏真实内容"的、纯形式的"往复辩难之术"。例如，人们在运用"辩证法"时，常常是抽象地"这一方面"与"那一方面"地"往复辩难"，而根本不去触及事物的本质和概念的"联系的必然性"和"差别的内在的发生"。这正如恩格斯所尖锐批评的"官方的黑格尔学派"那样，"从老师的辩证法中只学会搬弄最简单的技巧，拿来到处应用，而且常常笨拙得可笑。"③

在黑格尔看来，"辩证法"乃是一种"内在的超越"。黑格尔说，"辩证法的出发点，是就事物本身的存在和过程加以客观的考察，借以揭示出片面的和知性规定的有

---

① 黑格尔：《小逻辑》，商务印书馆1980年版，第176页。
② 《列宁全集》第55卷，人民出版社1990年版，第77页。
③ 《马克思恩格斯选集》第2卷，人民出版社1995年版，第40页。

限性"。① 在这里，黑格尔向我们阐释了"辩证法"的根基："就事物本身的存在和过程加以客观的考察。"这才是"内在的超越"，而不是"外在的技术"或"往复辩难之术"。

辩证法的"内在的超越"，是认定"凡有限之物都是自相矛盾的，并且由于自相矛盾而自己扬弃自己"。② 因此，辩证法是在"对现存事物的肯定的理解中同时包含对现存事物的否定的理解，即对现存事物的必然灭亡的理解；辩证法对每一种既成的形式都是从不断的运动中，因而也是从它的暂时性方面去理解；辩证法不崇拜任何东西，按其本质来说，它是批判的和革命的"。③ 这种"批判的和革命的"辩证法，是需要艰苦的哲学思维的训练才能获得，并自觉地和合理地予以运用的。

---

① 黑格尔：《小逻辑》，商务印书馆 1980 年版，第 178 页。
② 同上，第 177 页。
③ 《马克思恩格斯选集》第 2 卷，人民出版社 1995 年版，第 112 页。

哲学态度的培养

哲学是一种思维方式，更是一种生活态度。学习和研究哲学，需要训练哲学的思维方式，更需要培养哲学的生活态度。具体地说，就是要培养高远的气度、高明的识度和高雅的风度，对宇宙之谜、历史之谜和人生之谜进行永无止境的求索。

一、高举远慕的心态

哲学，尽管人们对于它应该完成和能够完成的使命有大不相同的看法，然而，它需要以时代性的内容、民族性的形式和个体性的风格去求索人类性的问题，却是它作为人类把握世界的一种基本方式的本性。以人类性问题为对象的哲学，要求它的学习者或研究者培养自己的高远的气度、高明的识度和高雅的风度。

高远的气度，是一种高举远慕的心态，而不是那种锋芒毕露、盛气凌人的姿态。

按照中国传统哲学的看法，所谓"哲学"应该"判天地之美，析万物之理""为天地立心，为生民立命"，因此所谓"哲人"应该"究天人之际，通古今之变，成一家之言"，为人们提供"安身立命之本"。冯友兰先生说："照中国的传统，研究哲学不是一种职业。每个人都要学哲学，正像西方人都要进教堂。学哲学的目的，是使人作为人能够成为人，而不是成为某种人。其他的学习（不是学哲学）是使人能够成为某种人，即有一定职业的人。所以过去没有职业哲学家；非职业哲学家也就不必有正式的哲学著作。在中国，没有正式的哲学著作的哲学家，比有正式的哲学著作的哲学家多得多。"① 因此他又提出，哲学是要使人超越"自然境界""功利境界"和"道德境界"而达于"天地境界"。

西方传统哲学一向以"寻取最高原因的基本原理"为己任，并以"使人崇高起来"为标的。古希腊哲人苏格拉底提出，未经反省的生活是无价值的生活。另一位哲人柏拉图认为，在人的"爱财富""爱荣誉"和"爱

① 冯友兰：《中国哲学简史》，北京大学出版社1985年版，第16页。

智慧"的欲求中，"爱智慧"是人的最重要也是最高尚的需求。整个西方传统哲学的集大成者黑格尔则认为，"真理的王国是哲学所最熟悉的领域，也是哲学所缔造的，通过哲学的研究，我们是可以分享的"①。因此他满怀激情地提出："追求真理的勇气，相信精神的力量，乃是哲学研究的第一条件。人应尊敬他自己，并应自视能配得上最高尚的东西。"②

马克思主义是关于人类解放的学说。卡尔·马克思和弗里德里希·恩格斯是人类的骄傲。人类的伟大的解放事业，是同这两个伟大的名字联系在一起的。"为全人类而工作"，是这两位伟大哲人的"始终如一"的"目标"。马克思和恩格斯提出："代替那存在着阶级和阶级对立的资产阶级旧社会的，将是这样一个联合体，在那里，每个人的自由发展是一切人的自由发展的条件。"③这个伟大的理想不仅要求把人从物的统治下解放出来，使人的劳动变成自主活动，而且要求最终地消除个人向完整的个人、全面发展的个人迈进过程中的一切阻碍。因此，马克思主义哲学具有"对现存的一切进行无情的

① 黑格尔：《小逻辑》，商务印书馆1980年版，第35页。
② 同上，第36页。
③ 《马克思恩格斯选集》第1卷，人民出版社1995年版，第294页。

批判"的彻底性。

20世纪的西方哲学,可以说是长达百年的"消解哲学"的哲学运动。这个"消解运动"的自我期待,是"消解"规范人的存在的一切"超历史的"或"非人的"存在。然而,现当代西方哲学的这场"消解运动",也使人感受了深深的"形上的迷失""意义的危机"和"精神家园的失落",感受到了一种"没有目标而造反,没有纲领而拒绝,没有未来应当如何的理想而不接受当前的现状"①的迷惘与困倦。这种"生命中不能承受之轻"的"存在主义的焦虑",正在促使当代哲学走向否定之否定——"形而上学的复兴"。

哲学是一门追本溯源、寻根究底的学问,是一门为人类寻求"安身立命之本"和"使人崇高起来"的学问。学习和研究哲学,需要有与"哲学"相称的博大的胸怀、开阔的视野和"万物皆备于我"的气概。这就是学习和研究哲学所需要的高远的气度和高举远慕的心态。

学习和研究哲学的高举远慕的心态,首先是一种坚韧不拔的理想性追求。人类的"哲学",植根于人类的实践活动和理论思维的无限的指向性。它永远是以理想性的

---

① 宾克莱:《理想的冲突》,商务印书馆1986年版,第47页。

追求去反观现实的存在，永远是以"历史的大尺度"去反省历史的进程，永远是以人类对真善美的渴求去反思人类的现实。哲学，它使人由眼前而注重于长远，由"小我"而注重于"大我"，由现实而注重于理想，从而使人从琐屑细小的事物中解放出来，从蝇营狗苟的计较中解放出来。黑格尔说，"哲学所要反对的"，首要的就是"精神沉陷在日常急迫的兴趣""太忙碌于现实""太驰骛于外界"。① 在当代，如果人们像马尔库塞所说的那样，丢掉内心中的否定性、批判性和超越性的向度，成为所谓的"单向度的人"②，"哲学"就会变成"往昔时代旧理想的隐退了的光辉"（宾克莱语）。哲学是赋予人的生活以目的和意义的世界观。它永远是理想性的。它要求学习哲学的人永葆理想性的追求。

哲学的理想性，要求人具有英雄主义精神。人生是人的生命显示自己的尊严、力量和价值的过程。人生需要生命过程中的奋斗与光彩。因此，生活的现实可以不是"英雄主义的时代"，人的生活却不可以失落"英雄主义的精神"。学习哲学，需要英雄主义精神，也能够培养人

① 黑格尔：《小逻辑》，商务印书馆1980年版，第32页、第31页。
② 马尔库塞：《单向度的人》，上海译文出版社1989年版。

的英雄主义精神。

英雄主义精神，首先是一种人的尊严。把自己当作人，而不是"千万别把我当人"。有了人的尊严，才能活得堂堂正正，坦坦荡荡。在遭受冷遇的时候，敢于对自己说："天生我才必有用。"面对可畏的人言，敢于对自己说："吾善养吾浩然之气。"在条件艰苦的时候，敢于对自己说："斯是陋室，惟吾德馨。"在受到委屈的时候，敢于对自己说："莫道前路无知己，天下谁人不识君。"在坎坷的人生之旅中，敢于对自己说："莫怕穿林打叶声，何妨吟啸且徐行，竹杖芒鞋轻胜马，一蓑烟雨任平生。"而在病魔缠身，死神逼近的时候，敢于对自己说："只因平生无愧事，方敢死后对青天。"这就是"贫贱不能移，富贵不能淫，威武不能屈"的人的尊严。

英雄主义精神，又是一种使命意识。人是真正的类的存在，使命意识则是真正的类的意识。人的性、情、品、格，是在个人与人类的关系中显现出来的。马克思的崇高形象，是由于他"目标始终如一"地"为全人类而工作"塑造起来的。人的使命意识，使他成为民族的象征、时代的象征、人类的象征。我们并不否认，在"平平淡淡，从从容容"的日常生活中，"生活是根据下一步必须要解决的具体问题来考虑的，而不是根据人们会被要求为之献身的终极价值来考虑的"①；然而，似乎谁也无法否认，"一种终极价值是那种最终目标或目的，所有较小的目标都是为达到它而采取的手段——它也是对一切较小目标进行衡量的标准"②。当代哲学家冯友兰先生说，人的生活应该是"极高明而道中庸"。在平凡的生活中融注和洋溢着英雄主义的使命意识，生活才有亮丽的光彩，而不是平凡得只剩下单一的灰色。

英雄主义精神，是主体自我意识的灵魂。它支撑人的自立和自主，它维护人的自爱和自尊，它激励人的自律和自省。它把主体挺立起来。失去英雄主义精神，而高谈主体自我意识，就只能是任意妄为的意识，哗众取宠的意识，投机钻营的意识。主体的自我意识，是发挥潜能的意识，实现价值的意识，全面发展的意识。它需要英雄主义精神的支撑、维护和激励。③

哲学是关于人类存在的自我意识的理论。学习和研究这样的理论，需要高远的气度和高举远慕的心态。尽管

---

① 宾克莱：《理想的冲突》，商务印书馆1986年版，第19页。
② 同上，第37页。
③ 孙正聿、李璐玮：《现代教养》，吉林教育出版社1996年版，第166—168页。

当代哲学在"兴趣方面已经变得更加世俗化",在"讨论中已经更加技术化",尽管"精致复杂的要求"对于哲学的进步是"必要的",但是,"一个能手的手法再精致复杂也不会使他成为一个大师"①。这是值得人们深长思之的。

二、慎思明辨的理性

学习和研究哲学,既需要高远的气度,又需要高明的识度。高明的识度深层地植根于高远的气度,高远的气度则生动地体现为高明的识度。

所谓哲学的识度,就是贺麟先生所说的"哲学贵高明"。"同一境而登山者独见其远,乘城者独觉其旷,此高明之说也"。贺麟认为,"见其远""觉其旷",最足以表示哲学的特征。② 我们在"导言"中所说的"凡事望得远一程,看得深一层,想得透一成,阐幽发微而示之以人所未见,率先垂范而示之以人所未行",此即"高明之说"。这就是哲学的"识度"。

---

① 艾耶尔主编:《哲学中的变革》,上海译文出版社 1985 年版,第 9 页。
② 贺麟:《哲学与哲学史论文集》,商务印书馆 1990 年版,第 124 页。

　　高明的识度是需要培养的，也是能够培养的。高明的识度，首先是离不开老老实实、堂堂正正地做人。中国文人一向强调"为学与做人，其道一也"。其实，古今中外，凡做学问，都是"其道一也"。这个"道"，就是真诚、真实、真切。没有艰苦卓绝、呕心沥血地"面向本文""面向现实"和"面向自我"，就没有高明的识度。

　　高明的识度，必须以广博的知识为前提。哲学是"建立在通晓思维的历史和成就的基础上的理论思维"。提出和解决任何哲学问题，都离不开深厚的哲学史背景。在学习和研究哲学的过程中，我们都会深切地感受到，一个人能否提出有价值的哲学问题，能否对哲学问题作出有见地的分析与论述，直接地取决于他的哲学"参照系"——有多少哲学家的思想构成他的"背景知识"。就此而言，没有深厚的哲学史背景，就没有深刻的哲学理论，当然也就不可能有高明的哲学识度。

　　高明的识度，不仅需要深厚的哲学史背景，多重的哲学"参照系"，而且必须培养"激活背景知识"的能力。从一定的意义上说，所谓"识度"，就取决于"激活背景知识"的能力。

　　"激活背景知识"的能力，就是思维的创造能力。人的"智力"主要地是由观察能力、记忆能力、思维能力、想象能力、直觉能力和实践能力等构成的。其中的"思维能力",又包括抽象能力、概括能力、分析能力和综合能力等。而超越于所有这些能力之上、并融汇于所有这些能力之中的最重要的能力,则是创造能力。它能使观察变得敏锐,记忆变得灵敏,思维变得敏捷,想象变得丰富,直觉变得深刻,实践变得卓有成效。在哲学的学习与研究中,人的创造能力集中地体现为"激活背景知识"的能力。哲学的高明的识度,直接地取决于这种"激活背景知识"的能力。

"激活背景知识"的能力,首先是表现为"检索"背景知识的能力。人的知识是通过记忆而储存在人的大脑之中,并成为人们发现问题、提出问题、分析问题和解决问题的"背景知识"。所谓"激活背景知识"的能力,就是灵活地调动记忆的能力和创造性地运用知识的能力。在"激活"背景知识的过程中,"检索"的能力是重要的前提。"检索",就是对"背景知识"的调动、组织和重组。它把记忆网络中的相关知识迅速、准确、有效地调动到所学习或所研究的"问题"上来,在知识的重新组合中,活化已有的知识,使知识产生新的联系,从而引发出创造性的联想和想象，提出新的问题，并形成具有独创性的"假说"。

"激活背景知识"，就要以被"激活"的知识为基础，驰骋自己的想象力。爱因斯坦认为，在科学研究中，"想象比知识更重要"。这同样适用于哲学的学习与研究。

创造性的想象，"它不用想象某种现实的东西就能现实地想象某种东西"①。几千年来，哲人们以其"爱智之忱"去寻求"万物的统一性""意识的统一性"和"文化的统一性"。古代的哲人就以其"想象的真实"，把"万物的统一性"归结为"水""火""数""理念"……正是这种哲学的"想象的真实"，不仅激发了人们对追本溯源、寻根究底的哲学智慧的热爱与追求，而且培养和锻炼了人类的理论思维能力的进步与发展。作为"形上"思考的哲学，它永远需要以创造性的想象去激活作为自己的背景知识的哲学史。

"激活背景知识"，更为重要的是以被"激活"的知识为基础，提出具有重要意义的哲学问题。爱因斯坦在倡言"想象比知识更重要"的同时，特别突出地强调，"提出问题比解决问题更重要"。爱因斯坦关于科学研究

---

① 《马克思恩格斯选集》第 1 卷，人民出版社 1995 年版，第 82 页。

的这句名言，同样适用于哲学的学习与研究。

哲学的历史，就是发现问题和提出问题的历史；哲学的历史之所以是发展史，就在于它历史地发现新的问题和提出新的问题，并历史地转换自己的提问方式和理论"范式"。而在哲学的发现问题和提出问题的历史发展进程中，最根本的就是不断地发现隐含在哲学自我理解中的问题，不断地向自己提出"哲学究竟是什么"的问题。在追究和回答"哲学究竟是什么"的过程中，历代的哲人不断地发现和揭示出对"哲学"的不同理解，也就是不断地发现和揭示出人类自己对人与世界关系的不同理解，从而历史地转换了作为哲学的解释原则的"范式"。

哲学的"识度"，集中地表现在提出新的问题的能力和提出新的解释原则的能力。任何时代的任何一种具有独立存在价值的哲学理论，都凝聚着该种理论的创建者及其后继者所捕捉到的该时代人类对人及其与世界相互关系的自我意识，都贯穿着他们用以观察和说明人与世界相互关系的基本立足点和出发点，都体现着他们用以回答全部哲学问题，建立哲学范畴体系的独特的解释原则。哲学解释原则的创新性和深刻性，决定着该种哲学理论的向上的兼容性、时代的容涵性、理论的逻辑性和思想的开放性，也就是决定着该种哲学理论的"识度"。因此，培养哲学的"识度"，最重要的，就是培养发现和透视、批判和反思、扬弃和创建哲学解释原则的能力。

培养发现哲学问题和提出哲学问题的能力，就要注重于以下方面：一是要善于从各种"本文"中捕捉到别人视而不见的问题，善于从逻辑分析中提出别人漠然置之的新问题；二是敢于向人们习以为常的观念提出挑战，善于对"自明性"的观念进行"前提批判"；三是敢于驰骋"想象的真实"，善于联想人们认为是没有任何关系的思想，以自己的真切体会去提出新的问题。在学习和研究哲学的过程中，特别是在培养发现和提出哲学问题的过程中，不仅需要慎思明辨的理性，而且需要体会真切的情感和执着专注的意志。"知""情""意"在哲学的学习与研究中，都需要处在"激活"状态。

在法国的近代史上，路易·波拿巴曾于 1851 年 12 月发动军事政变，在建立军事独裁后，于 1852 年 12 月称帝，并建立"法兰西第二帝国"。在这个震惊世界的历史事变过程中，马克思曾经写下了以《路易·波拿巴的雾月十八日》为总标题的系列评论文章。在这部著作中的二版序言中，马克思曾经做过这样一段叙述，这对于我们体会哲学的高明的"识度",是非常富有启发性的。

马克思说,"在与我这部著作差不多同时出现的、论述同一问题的著作中,值得注意的只有两部:维克多·雨果的《小拿破仑》和蒲鲁东著的《政变》。"① 那么,这三部"差不多同时出现的、论述同一问题的著作",都是怎样看待这场事变的?马克思说:"维克多·雨果只是对政变的负责发动人做了一些尖刻的和机智的痛骂。事变本身在他笔下却被描绘成了晴天的霹雳。他认为这个事变只是一个人的暴力行为。他没有觉察到,当他说这个人表现了世界历史上空前强大的个人主动性时,他就不是把这个人写成小人而是写成巨人了。蒲鲁东呢,他想把政变描述成以往历史发展的结果。但是,在他那里关于这次政变的历史构想不知不觉地变成了对政变主人公所作的历史的辩护。这样,他就陷入了我们的那些所谓客观历史编纂学家所犯的错误。相反,我则是证明,法国阶级斗争怎样造成了一种局势和条件,使得一个平庸而可笑的人物有可能扮演了英雄的角色。"②

由于维克多·雨果认为这个事变"只是一个人的暴

---

① 《马克思恩格斯选集》第1卷,人民出版社1995年版,第580页。
② 同上。

力行为"，因此他就"不是把这个人写成小人而是写成伟人"了。与此相反，蒲鲁东又把"对这次政变所作的历史的说明，却不知不觉地变成了对政变主人公所作的历史的辩护"。而马克思则"说明法国阶级斗争怎样造成了一种条件和局势，使得一个平庸而可笑的人物有可能扮演了英雄的角色"。正因如此，马克思在这部著作的结尾处作出了为历史所证实的预言："如果皇袍终于落在路易·波拿巴身上，那么拿破仑的铜像就将从旺多姆圆柱顶上倒塌下来。"①

关于马克思的这种真知灼见，恩格斯在这部著作的三版序言中，作出过这样的评论与解释。恩格斯说，马克思"他对活生生的时事有这种卓越的理解，他在事变刚刚发生时就对事变有这种透彻的洞察，的确是无与伦比"。② 恩格斯指出，马克思之所以能够作出这种"卓越的理解"和"透彻的洞察"，既是因为马克思"深知法国历史"，更是因为"马克思最先发现了伟大的历史运动规律"，这个"伟大历史运动规律""在这里也是马克思用以理解法兰西第二共和国历史的钥匙"③。我们要培养

① 《马克思恩格斯选集》第 1 卷，人民出版社 1995 年版，第 688—689 页。
② 同上，第 582 页。
③ 同上，第 583 页。

哲学的高明的识度，不仅需要"通晓思维的历史和成就"，更要掌握马克思主义哲学的基本理论，并真正地运用于对各种重要问题的探索之中。

三、永无止境的求索

在追问"哲学究竟是什么"的思想历程中，我们逐层深入地探寻了"哲学的自我理解""哲学的思维方式""哲学的生活基础""哲学的主要问题""哲学的派别冲突"和"哲学的历史演进"。至此，我们能够确有体会地说："哲学"，这确实是一个我们既熟知而又无知的名词；对"哲学究竟是什么"的追问，是我们的也是人类的永无止境的求索。这样，我们的思想就再一次返回到"进入哲学思考"的导言中的种种追问，但这的确不是简单的重复，而是"仿佛向旧东西的回复"，是在"否定之否定"的意义上的回复。

哲学，它是对智慧的真挚、强烈、忘我之爱，是人类的"爱智之忱"的集中体现。这种"爱智之忱"，是探索宇宙的奥秘和洞察人生的意义的渴望，是促进历史的发展和提升人类的境界的渴望，是超越现实和向前提挑战的渴望，是悬设新的理想和创建新的生活世界的渴望，是为人类寻求"安身立命之本"和确认"最高的支撑点"的渴望。正是这种"抑制不住的渴望"，燃烧起古往今来的伟大哲人对"哲学"的永无止境的求索。"爱智之忱"和"抑制不住的渴望"是哲学的修养与创造的原动力。

哲学，它是对"无知"的自知，是对"熟知"的超越，因而是对"自明性"的反思。在追问"哲学究竟是什么"的思想历程中，我们已经发现，"存在""思想""真理""意义""价值""规律"等这些"熟知"的名词，的确是我们最"无知"的。它们的哲学意蕴需要永无止境的求索。因此，哲学的修养与创造，最需要的是"不以有知自炫""常以无知自警""常自疑其知""虚怀而不自满"。然而，在学问中的"严以律己"和"宽以待人"又是最为困难的。这是因为，"为人的谦虚宽容"与"学问的博大精深"是融为一体的。"当一个人没有足够的知识又要维护自己的权威地位时，当一个人并没有掌握真理而又以真理的化身自居时，当一个人固守陈腐的教条而拒绝历史的进步时，当一个人目空一切自作井底之蛙时，这个人必然是不宽容的"。① 哲学的修养与创造，是在对哲学的永无止境的求索中，为人与为学的融为一体的过程。

哲学，它是"对假设的质疑""向前提的挑战"，因而它是永无止境的反思。在追问"哲学究竟是什么"的过程中，我们愈来愈亲切地体会到，哲学是思想的自我反思的维度，是思想的自我批判的维度。哲学所进行的思想的自我反思和自我批判，是指向思想的"前提"的反思与批判，是追究"理论思维的不自觉的和无条件的前提"的反思与批判，因而它探索各种知识的根据，反思历史进步的标准，追问生活信念的前提，审讯评价真善美的尺度，防止信仰变成教条、想象变得呆滞、智慧陷入贫乏、社会陷入僵化。哲学对"前提"的反思与批判是无穷无尽的。正是这无穷无尽的对"前提"的反思与批判中，人们实现了哲学的修养与创造。

哲学，它对"智慧"的挚爱，它对"熟知"的超越，它对"前提"的批判，是同人类的存在方式——实践活动及其历史发展——密不可分的。实践作为人的存在方式，它不仅蕴含着实践主体的自然性与超自然性、实践

---

① 参见梁小民：《一代学人风范长存》，《读书》1998 年第 2 期。

活动的合规律性与合目的性、实践过程的物的尺度与人的尺度、实践结果的客体主体化与主体客体化的矛盾，而且深层地蕴含着实践的现实性与理想性、有限性与无限性的矛盾。人类的实践活动是把理想变为现实、把现实变成理想的过程。因而人类是以实践的方式构成了人与世界之间的独特的否定性统一关系，即人类通过实践活动"否定"世界的现存状态，从而把世界变成人所理想的现实。正是人类的无限的"否定"世界现存状态的实践活动，需要人类对创造性的"智慧"的强烈的挚爱，对已有的"知识"的不断地超越，对承诺的各种"前提"的永无止境的反思与批判。因此，对哲学的永无止境的求索，绝不是超然于世界之外的玄思与遐想，而是植根于生活之中的探索与追求。

哲学，它是以时代性的内容、民族性的形式和个体性的风格去求索人类性的问题，因此，它求索的问题是永无止境的，它对问题的回答总是具有时代性的。在追问"哲学究竟是什么"的思想历程中，我们会逐步深切地体会到，无论是对人类性的问题的求索，还是对这些问题的时代性回答，哲学都既不是"表述"某种人类的、时代的经验事实，也不是"表达"人类的或某个群体的情感和意愿。哲学作为"时代精神的精华"和"文明的活的灵魂",它总是"表征"着人类对自己时代的生存意义的自我意识。"表征",是哲学地表现人与世界相互关系的独特方式。以"表征"的方式去理解哲学和哲学史,我们就会发现,哲学理论地"表征"着人类生存方式及其意义的历史性转移。从总体上看,哲学的演化经历了塑造"神圣形象""消解神圣形象"到"消解非神圣形象"的过程,这理论地"表征"着人类在"神圣形象中的自我异化"到"消解人在神圣形象中的自我异化"再到"消解人在非神圣形象中的自我异化"的过程,也是理论地"表征"着人从"依附性的存在"到"独立性的存在"再到"类主体存在"的过程。人类在自身的历史性的实践活动中实现自身的历史性的发展,哲学也在"表征"人类生存方式及其意义的历史性转换中而实现自身的发展。哲学的修养与创造,是在探索人类关于自身存在意义的自我意识的永无止境的求索中实现的,也就是在努力地"表征"时代的生活意义的过程中实现的。

哲学,它是人类自我意识的时代水平的理论"表征",也就是以理论形态所"表征"的人类对自身的生存状况、焦虑和理想的自我意识。哲学创造,就是哲学家在通晓人类自我的历史的基础上，以其独特的心灵体验、独立的反思意识和独到的理论解释去表达自己时代的人类的自我意识，去建构"思想中所把握到的时代"，为人类揭示新的理想境界和展现新的可能世界，也就是塑造和引导新的时代精神。因此，哲学创造与哲学家的自我实现是融为一体的，创造哲学的哲学家必须有炽烈而执着的主体自我意识。在谈论哲学研究的时候，黑格尔说，"人应尊敬他自己，并应自视能配得上最高尚的东西。"①哲学作为人类心灵的最深层的伟大创造，其主旨即在于使人的精神境界不断地升华。哲学给予人以理念和理想，从而使人在精神境界的升华中崇高起来。因此，哲学的修养与创造，是人们追求崇高的过程，也是使人们自己崇高起来的过程。

哲学，它既是人类的光辉灿烂而又迂回曲折的文明史的理论表征，它本身也是人类精神的庄严崇高而又艰苦卓绝的不尽追求的理论表现。古往今来的伟大哲人，无不具有巨大的、崇高的使命感和强烈的、执着的主体自我意识。对人类进步的关注，对人类命运的深思，对人类未来的憧憬，这是哲学家的不可或缺的"人文情怀"；

_____

① 黑格尔：《小逻辑》，商务印书馆 1980 年版，第 36 页。

对自己所从事的哲学事业的挚爱，对自己所承担的历史使命的自觉，对自己所进行的哲学探索的自信，这是哲学家的极为重要的心理品质；对流行的思维方式、价值观念和审美意识进行前提的追问，对人类的哲学理念进行创造性的重构与再建，对自己所承诺的哲学理念进行前提的批判，则是哲学家的永无止境的求索。

作为人类理论思维的两种基本方式的科学和哲学，它们的深层的一致性，在于它们都是植根于人类的实践的存在方式之中的创造性活动，因此，无论是在规律层次上"构成思想"的科学，还是在历史发展中"反思思想"的哲学，它们都需要一种共同的精神，这就是对揭示宇宙、历史和人生的奥秘的"抑制不住的渴望"，以及探寻这种奥秘的"永无止境的求索"。马克思说："在科学上是没有平坦的大路可走的，只有那在崎岖小路的攀登上不畏劳苦的人，才有希望到达光辉的顶点。"① 这是科学研究与发现的座右铭，也是哲学修养与创造的座右铭。

---

① 马克思：《资本论》第 1 卷，人民出版社 1963 年版，法文本的序和跋。

从选择到行动

——编后语

一些长辈们说：当代青少年普遍缺少社会责任感，缺少爱心，缺少奉献精神。个别青少年具有很强的叛逆心理，以自我为中心，全然不顾及他人的感受。攀比心理比较严重，讲名牌、讲派头，不讲学习；谈女友、谈比萨、谈网络，不谈家人……

真的是这样吗？

了解孩子们的人却说：当代青少年关心大事，关心祖国的命运和前途；立志为社会、为中华民族贡献力量。他们在学习和生活上，追求更多的独立和自主。他们希望得到长辈的尊重、信任和理解。他们接收信息多，思想容量大，勤于思考不盲从。他们重视知识，正在完成学业和实现人生价值当中……

哪一方说的对呢？

随着当代中国社会的进步，我们不仅物质生活丰富了，精神空间也随之扩大了。长辈们曾经奉若神明的某些金科玉律，在下一代人身上已经很少见到了。不同的时代，自然会产生不同的行为习惯和不同的价值观。人类的生活形态总是由现在向未来不断变化和发展着的，而青少年的价值观念，天生便具有求新求异、面向未来的鲜明特点，充满了青春的活力和美好的想象。事实上，青少年价值观也直接关系到国家未来的前途和命运、关系到社会主义事业是否后继有人、关系到整个社会的明天。在网络上能看到这样意味深长的"笑话"："世界是老子们的，也是儿子们的，但是总归是孙子们的。"不论人们如何评价当代青少年，他们终究是要担负起民族和国家的重任的，也终究是会站在长辈们的肩膀上，把我们的民族和国家大业发扬光大的。

对于这一点，没有什么人有资格去怀疑，也不应该有所怀疑。

青少年时代，是每一个人人生的春天。青少年时期的健康成长，将极大地影响其以后的人生。因此在这一时期确立正确的价值观，至关重要。那么，价值观是如何形成的呢？

首先是选择。价值观不可能经由强制或压迫而获得，它是一种心甘情愿作出的选择，自由选择使我们成为生活的积极参与者，而不是旁观者。

其次是珍视。在价值观的形成过程中蕴涵着情感，"选择"是自己所非常重视的。为了实现自己的选择，人们乐于付出很大的代价。所谓"砍头不要紧，只要主义真"就是如此，因为这种主义是先烈所珍视的。

最后是行动。只有在行动中才能实现或体验到我们的选择和所珍爱的事物，体会其价值。

价值观的形成过程，是青少年与人、与社会、与现有观念及各种事件交互作用的结果。价值观的形成，主要是靠青少年自己的学习，而不是靠长辈们包办。长辈们应该做一个价值观的倡导者、促进者和催化者，而不应该做"揠苗助长"者。长辈们要鼓励青少年按照自己的兴趣去无拘无束地探索世界，鼓励他们去发现并欣赏自己的独特性；鼓励青少年了解外部世界的同时，也要鼓励他们了解自己；给予青少年公开表达和讨论自己的价值观的机会；鼓励青少年依据自己的选择行动，并协助青少年在生活中一再地重复自己的正确行动。

当然大家也不应忽视，由于各种主客观原因导致了个别青少年身上出现了这样或那样的问题和不尽如人意的现象。但回想长辈们的经历，不也是在同样情况下走过来的吗？只是，长辈们急切地盼望着当代青少年尽快树立起正确的价值观，少一点儿曲折和弯路，多一点儿顺利和健康成长……

如此而已。